*Poderes*

———◆———

VICTOR SUEIRO

# *Poderes*

◆

PLANETA

Diseño de cubierta: Mario Blanco
Diseño de interiores: Alejandro Ulloa

Séptima edición: mayo de 1994
© 1992, Víctor Sueiro

Derechos exclusivos de edición en castellano
reservados para todo el mundo:
© 1992, Editorial Planeta Argentina S.A.I.C.
Independencia 1668, Buenos Aires
© 1992, Grupo Editorial Planeta

ISBN 950-742-260-9

Hecho el depósito que prevé la ley 11.723
Impreso en la Argentina

*Seré aburrido en las dedicatorias, de tan
reiterado; pero constante en mis amores, de
tan agradecido:*

*A Rosita, Rocío, mamá, Alfredo, el
abuelo Ramón, la tía María, mi familia y
mis amigos más queridos de aquí y de Allá.*

## Agradecimientos

A mis colegas periodistas de todo el país que me han ayudado hasta ahora sin que fuera necesario que nadie se lo pidiera.

De manera muy especial, por su apoyo, su respeto y por el cariño que siento por ellos, a:

Mirtha Legrand, Mariano Grondona, Jorge Alvarez, Juan Alberto Badía, Oscar González Oro, Antonio Carrizo, Juan Carlos Pérez Loizeau, Elsa Bragato, Roberto Jacobson, Jorge Jacobson, Mario Gavilán, Enrique Monzón, Rolando Hanglin, Cecilia Zuberbülher, Benny Garrido, Omar Cerasuolo, Alberto Muney, Ronny Vargas, Enrique Alejandro Mancini, "Manzana" Fernández, Horacio Larrosa, todo el equipo de "Nuevediario", Franco Bagnato, Oscar Gómez Castañón, Carlos D'Elía, Juan Carlos Mareco, Guillermo Villegas, Charly, Teté Coustarot, Silvio Soldán, Laura Garavano, todo el equipo de "los almuerzos", Marcelo Figueras, Carolina Perín, Mónica Gutiérrez, María Mendoza, todo el equipo de "Despertar al país", Silvina Chediek, Norberto Angeletti, Juan Carlos Porras, María Laura Santillán, Daisy, Lucho Avilés, Lara Zimmerman, Juan Alberto Mateyko, "Coco" Fernández, Héctor Primavera y, finalmente, al recuerdo inolvidable de mi amigo Daniel Mendoza.

Todos los hechos relatados en este libro son absolutamente reales. Los personajes que en él aparecen figuran con sus nombres y apellidos verdaderos, sin excepción. Cualquier parecido con hechos de ficción es una mera coincidencia. Por otro lado, los hechos aquí relatados son mucho más impresionantes que cualquier fantasía.

*Ante todo*

El invitado, vistiendo sus mejores galas, terminó de comer y mirando a sus anfitriones con una sonrisa satisfecha abrió la boca y eructó sonoramente. Los dueños de casa devolvieron la sonrisa y también eructaron felices. Para todos era una costumbre que dejaba en claro lo apetitoso que había resultado el alimento. En algunos pueblos de Asia, Africa y hasta de Europa, aquello que para nosotros sería una terrible descortesía era exactamente lo contrario. No hacerlo hubiera sido descortés. Esas eran sus normas. Cada grupo humano tiene normas a las que se ajusta sin que esto signifique que sean válidas para todas las personas del mundo. Y bien: los sacerdotes católicos, los rabinos judíos, los imanes musulmanes, los médicos, los teólogos, los filósofos y un número muy grande de profesionales en distintas áreas tienen normas que los atan por una u otra razón cuando se trata de escribir sobre temas asombrosos, sobrenaturales, inexplicables para la pequeña razón humana. Yo no tengo esas normas. Desde el punto de vista religioso (hermosa palabra, habla de "re-ligar", de unir con mucha fuerza a los hombres entre sí y a todos con Dios) acepto todo aquello que no contradiga los dogmas de mi fe católica, mientras pertenezca a ella con orgullo. Tampoco afectaría de manera alguna a las demás religiones verdaderas porque mi afecto y respeto por ellas crece cada vez más en la medida en que compruebo todo lo que tenemos en común; y no soy el único, ya

que mi máxima autoridad en estas cuestiones —Juan
Pablo II— hace unos pocos años quiso y logró reunirse
en Asís con los más altos representantes de las creencias
serias. Desde el punto de vista profesional, mis normas
son investigar con el mayor rigor cada hecho o personaje, cosa que hice de manera personal, sin intermedia-
rios, viajando adonde era necesario y grabando cada
conversación con gente inobjetable que le da peso a
estas historias. Luego, mi segunda y última norma es ser
fiel a ustedes y a mí, a quien amo y respeto lo suficiente
como para no perder algunos de los mejores sentimientos. Nada más. El resto es una explosión de libertad, de
ansias por saber, de necesidad de contar.

Lo que van a leer enseguida es una sucesión de
hechos absolutamente reales, aunque parezcan fantásti-
cos. Todos los casos cuentan con testimonios de sus protagonistas y figuran allí sus nombres y apellidos verdaderos,
sin alterar ni vestir de manera especial sus dichos. Las
personas que aquí aparecen no forman sectas misteriosas,
no se nuclean con fines inconfesables, no comercian con
lo que les ocurre y ni siquiera buscan adeptos que los
sigan, sino que, simplemente, saben y cuentan cosas
extraordinarias que pueden ayudar a los demás. El amor,
la fe y la esperanza siguen siendo mis obsesiones y lo son,
también, para esta gente. Sin sectarismos, sin fanatismos,
sin discriminaciones y con apasionamiento, como deben
encararse estas cosas. Y también con naturalidad.

Todos tenemos una triste tendencia a recordar lo
malo, tal vez porque es lo que más ruido hace y lo que
nos están mostrando a cada rato. No tengo dudas, por
ejemplo, de que casi todos ustedes recuerdan a Idi
Amín, el dictador de Uganda que tantas atrocidades
cometió. Sí dudo de que sepan que quien lo sucedió en
el poder sin su estilo tiránico y feroz es un hombre llamado Yoweri Museveni. Ya ven, lo malo pareciera perdu-
rar más. Y esto se repite en casi todo. La idea de estas

páginas es señalar que también lo bueno convive con nosotros sin que nos demos cuenta. Demostrar que no hace falta buscar milagros y poderes asombrosos fuera de nuestras propias creencias, que tan ricas son en ese sentido. Cuando, hace muchos años, el notable actor Pepe Arias debutó en el imponente teatro El Nacional, sus vecinos decían "debe ser otro que se llama igual. ¡Qué va a ser él, si vive acá a la vuelta!". Esto fue real. Cuesta admitir que aquello con lo que convivimos es algo por completo fuera de lo común. Aquí se van a llevar una sorpresa, sin embargo.

Los poderes sobrenaturales existen. Lo han ido admitiendo, poco a poco y cada vez más, aun los mayores escépticos. No me refiero a las pequeñas supersticiones que suelen acompañar a la mayoría, como caminar por la calle sin pisar las separaciones entre vereda y vereda; acariciar tres veces a cualquier muñequito antes de una entrevista importante; vestir siempre la misma ropa para las reuniones decisivas; entrar a un vehículo o una casa con el pie derecho o cualquiera de esas cosas que traemos Dios sabe de dónde y que —aunque nos acerquen más a una tribu primitiva que a un pueblo civilizado— no le hacen mal a nadie. Me refiero a poderes de verdad. Es posible que a lo largo de estas páginas encuentren algo parecido a una influencia cristiana, lo cual es completamente razonable dada mi profesión de fe, pero quiero dejar en claro que mi compromiso religioso no hizo nunca de mí un mojigato, un fanático o un "chupacirios". Soy una suerte de francotirador de la fe y, si me juego por ella, es porque siento que es lo mejor para mí y para el mundo. No tengo "jefes" ni nadie a quien le deba favores, salvo El Que Ustedes Ya Saben. Tampoco sufro un ataque de misticismo sino de amor, algo que les recomiendo.

Algunos pueden preguntarse por qué me metí en esto. Muy sencillo. Luego de haber pisado los umbrales del Otro Lado durante mi muerte clínica en junio de 1990 necesité contar aquello con la intención de aplacarles a ustedes el temor a la muerte propia y la de sus seres queridos. Dos libros fueron el medio, *Más allá de la vida* y *La gran esperanza*. Nunca podré agradecer más de mil cartas e infinidad de llamados que me llenaron de amor y energía. Son el gran tesoro de mi vida. Además, por muchas de esas comunicaciones hoy no sólo cuento con más de 170 casos argentinos de bellísimas experiencias similares sino con otros testimonios serios que hablaban de fenómenos como los que aquí figuran. Fueron tantos que, sin darme cuenta, estaba un buen día rodeado de decenas de volúmenes y de cintas grabadas con relatos asombrosos. La investigación posterior, que llevó muchos meses, y la seriedad que encontraba en aquellas historias y sus relatores me fue apasionando hasta llegar a esto que ahora tienen ustedes en sus manos. No hay aquí una sola línea de ficción. Y todas ellas desafían al entendimiento. Hay una ventana que da a un universo de asombros y a la que no nos asomamos a menudo. Ahora lo haremos.

No pueden imaginar lo que hallarán. Tampoco yo pude, al hacerlo.

Lo que van a leer es misterioso, extraño, maravilloso y alentador. Es por completo real, con personajes de carne y hueso además de los otros. Y es, por sobre todo, una ayuda para la vida.

La esperanza es, en sí misma, una oración. Rezada en cualquier idioma por gente de distintas razas, culturas y religiones. Parece silenciosa y tenue. Pero es un grito. Un grito de todos.

Preparen los oídos para escucharlo, las mentes para entenderlo y los corazones para sentirlo.

VÍCTOR SUEIRO
Agosto 1992

# I
## EL EXTRAORDINARIO CASO DE LAS APARICIONES DE LA VIRGEN DE SAN NICOLAS DE LOS ARROYOS

## UNO

# Comienzan los asombros

*La llegada al lugar. La investigación.*
*Los personajes claves. La historia secreta*
*del comienzo de un prodigio.*

—Y bien —dijo el Papa en aquella audiencia privada, con su famosa sonrisa y ese rostro pleno de bondad pero también de un dejo de picardía que ahora recalcaba al hacer la pregunta—: ¿Hay alguna novedad en tu obispado?

Juan Pablo II conocía ya perfectamente el caso de una mujer que en la ciudad de San Nicolás tenía visiones de la Virgen de manera cotidiana. Sabía que ya existían muchos mensajes que la Madre hacía llegar al mundo por aquel medio y que la mujer había pasado por infinidad de pruebas científicas y religiosas. Sin embargo, con la naturalidad del que sólo se asombra ante el dolor ajeno, dejó escapar una vez más su carácter travieso y cariñoso cuando preguntó aquello de manera que aparentaba ser casual.

—Sí, Santidad… Hay una novedad… —respondió también con una sonrisa que acompañaba al juego monseñor Domingo Castagna, el obispo de San Nicolás. Y luego detalló todo lo ocurrido hasta entonces, sin opinar, simplemente relatando, conformando por enésima vez en la historia de la Iglesia Católica un diálogo donde la cautela y la fe van de la mano todo el tiempo,

21

en especial en el altísimo nivel en que se estaba desarrollando. Cuando monseñor Castagna llegó a esa audiencia privada ya habían pasado años desde el inicio de la historia. Años y pruebas, investigaciones, testigos, hechos, análisis teológicos y exámenes médicos y psiquiátricos de la vidente. De no haber sido así no hubieran existido la pregunta del Papa ni la respuesta del prelado. Cuando alguien tiene el honor de hablar en privado con Su Santidad no es precisamente para contarle chimentos o rumores. El hecho asombroso había comenzado hacía años. Aparte de a Gladys Herminia Quiroga de Motta —la vidente—, tuvo en esos inicios a un protagonista principal, un sacerdote, y enseguida a otro, un médico.

* * *

—Necesito tu ayuda —dijo el sacerdote.

—Lo que quiera, padre —respondió el médico.

El padre Carlos Pérez es un hombre robusto que impone respeto hasta desde su físico. Pasó el medio siglo de edad, lo cual no impide que su rostro adusto y su considerable contextura le hagan pensar a uno que es mejor tener fe por las buenas, no sea cosa que Pérez se enoje. Por supuesto que su verdadero poder emana de otras cosas menos visibles pero mucho más importantes. Es el párroco de la catedral de la ciudad de San Nicolás, y ese día de noviembre de 1983 le lanzó a su amigo, el doctor Carlos Pellicciotta, esta frase:

—Hay una mujer en la ciudad que dice tener apariciones de la Virgen desde hace más o menos un mes y medio. Necesito que me des un turno para ella, que la veas, la revises, la escuches…

—¿La Virgen? ¿Apariciones de la Virgen? Mañana, mañana mismo. Voy a anular todos los turnos. ¿Mañana está bien?

El doctor Carlos Pellicciotta ronda los cincuenta

años, es muy conocido en la comunidad de San Nicolás, atiende su consultorio y hasta julio de 1992 fue —y durante años— médico de la Policía de la Provincia de Buenos Aires. Apasionado, entusiasta, hombre de reconocida fe y amigo personal del cura párroco, era la persona indicada para ser el primero de una larga serie de profesionales de la ciencia que tomó contacto con el caso de "la mujer que ve a la Virgen". El padre Pérez sabía muy bien que, en situaciones como ésta, la cosa no es tan sencilla como decir: "Ah, qué bien ¿así que ve a la Virgen? Bueno, vamos a contarle esto a todo el mundo ¿eh?". La Iglesia, y muy especialmente el clero, son dueños de una prudencia que a veces hasta puede llegar a exasperar, pero que es imprescindible. Un error podría costarle muy caro a la fe. Y eso no es fácil de arreglar o disculpar. En aquel día de noviembre de 1983 el sacerdote y el médico estaban, tal vez, excitados con lo que tenían frente a sí, y que se diferenciaba mucho de decenas de otros relatos fuera de lo común que ellos escuchaban con paciencia y comprensión dadas sus profesiones, pero que descartaban amablemente. Aquello era distinto, lo advertían. De allí la ansiedad de ambos que, aunque reprimida, flotaba en aquella charla privada. No imaginaban, sin embargo, que habían echado a rodar la bola de nieve y que el hecho que empezarían a investigar se transformaría en una maravilla para el mundo y en lo que posiblemente sea el más asombroso acontecimiento ligado a la fe que se haya producido jamás en la Argentina.

En la mañana del lunes 22 de junio de 1992 la niebla sobre la ruta 9 parecía una gelatina gris y desabrida en la que el automóvil se iba metiendo para no salir jamás, a pesar de lo cual la velocidad no bajaba de los 100 kilómetros por hora gracias a esa autopista prolija y segura que hace que uno pague el peaje con una sonrisa. En un país donde la mayoría de las rutas parecen una exposición de cráteres lunares y suelen ser más angostas que el paso de una hormiguita (a pesar de lo cual hay que pagar sin saber bien a quién ni por qué y, por supuesto, sin sonrisa) aquello no dejaba de ser un buen augurio.

Soy más miope que un mejillón pero, con semejante niebla, daba lo mismo que manejara un lince. A mi lado no separaba los ojos del camino quien había elegido como acompañante para esos días de rastreo periodístico que me llevaban a San Nicolás: Diego Pérez, una suerte de ahijado profesional con todos los elementos útiles para aquel viaje: tan sólo 23 años, buen lector, con su disciplina de estudiante de abogacía, dueño de una fe envidiable pero al mismo tiempo nada fácil de convencer de cualquier cosa, con un gran sentido del humor y cerca de un metro noventa de estatura, lo cual después de todo también tranquiliza, porque es como viajar con un doberman: uno nunca sabe. Claro que lo que más me importaba era su juvenil inteligencia, su punto de vista sobre todo lo que iríamos a vivir en esos días que estaría desprovisto de los vicios, impurezas y prejuicios que los adultos adquirimos tan estúpida como irremediablemente.

Mientras el auto devoraba esa gelatina de plomo que flotaba sobre la ruta yo usaba los momentos de silencio para dejar aflorar mis dudas. No se puede investigar algo periodísticamente si uno ya está por completo convencido de eso. No vale. Hay que disfrazarse de escéptico y buscarle la contra a la cosa. Por un lado mi fe me hacía desear que todo aquello fuera cierto aunque no sea dogma para la religión. Por el otro, mi razón me pinchaba con ideas respecto a alucinaciones, estados mentales alterados, histeria colectiva, sugestión. San Nicolás está a 236 kilómetros de la Capital Federal, y a cada metro nos acercábamos más a las respuestas. Era mediodía al llegar. La ciudad no mostraba una cara demasiado feliz, con las aguas del Paraná en su punto récord del siglo amenazando a la ribera y con miles de familias mareadas de tristeza por la casi desaparición de Somisa, el centro siderúrgico alrededor del cual había crecido tanto aquel lugar. El diario "Clarín", en una nota de esos días, pintaba claramente la situación con un dato curioso pero clave: en esa ciudad de 140.000 habitantes detectaron más de 5.200 kioscos, que delataban a muchísima gente que debió dejar su trabajo en Somisa y que abría uno de estos comercios en una ventana exterior de sus casas, el pequeño garaje o un local chiquito, usando para eso los pocos pesos que habían recibido al retirarse. Había que seguir trabajando en algo, claro.

Nos alojamos en el hotel Colonial, un imponente edificio rodeado de parque que era como un monumento a las buenas y viejas épocas. La entrevista oficial con el obispo de San Nicolás, monseñor Castagna, me había sido dada para el día siguiente, pero ahora, durante el almuerzo, compartimos la mesa y la charla con su secretario privado, el padre Rafael Hernández. Alto, sonriente, de anteojos, 44 años, sin sotana y con un manejo óptimo en el estudio que se supone me estaba realizando de manera tácita, el padre Rafael tenía el aspecto de un ejecutivo de alto nivel más que del curita a cargo, también, de la capilla del Barrio Somisa, cuya gente lo obsesionaba con razón. De él recibí la primera advertencia que escucharía luego muchas veces:

—*La Virgen es la gran enemiga del demonio. Mientras pueda, él hará lo posible para evitar que la honremos. Cuidado con eso...*

"Eso" es, en efecto, algo muy claro en las Sagradas Escrituras:

"Y fue vista una gran señal en el cielo, una mujer

vestida de sol con la luna bajo sus pies y sobre su cabeza una corona de doce estrellas... Y se mostró otro signo en el cielo, y he aquí un gran dragón rojo con siete cabezas y diez cuernos, y sobre sus cabezas siete diademas y con su cola que arrastra la tercera parte de los astros del cielo y los derribó sobre la tierra. Y el dragón se puso frente a la mujer que estaba para dar a luz a fin de devorar a la criatura cuando aquella pariese..." (Apocalipsis 12: 1, 3, 4).

Algo más adelante este relato bíblico no deja lugar a dudas con respecto al que se menciona como el dragón:

"...y fue lanzado el gran dragón, la serpiente antigua, el llamado Diablo y también Satanás, el seductor del universo..." (Apocalipsis 12:9).

El final de este capítulo del Apocalipsis es decididamente explícito en cuanto a la Virgen (la mujer vestida de sol) y su lucha frontal con el demonio:

"...Y arrojó la serpiente de su boca, detrás de la mujer, cantidad de agua a manera de río para que fuese arrastrada por éste. Y vino la tierra en auxilio de la mujer y abrió la tierra su propia boca y sorbió el río que había arrojado el dragón de sus fauces. Y se encolerizó el dragón contra la mujer, y se marchó a hacer guerra contra los demás de su linaje, los mandadores de los mandamientos de Dios y poseedores del testimonio de Jesús..." (Apocalipsis 12:15, 16, 17).

No se asusten. No tengo un ataque de misticismo ni cosa parecida. Sólo reproduzco lo que dice la Biblia y, más que hacerme preguntas, encuentro respuestas. Tengo que confesar aquí que en aquel viaje, pensando en la inundación que amenazaba a la ciudad de San Nicolás, me pregunté cómo era posible que la Virgen no protegiera al lugar que había elegido tan especialmente. Las Escrituras, en ese párrafo último que transcribo, parecen estar dándome una respuesta muy clara: *"...Cantidad de agua en forma de río para que fuese arrastrada por éste..."*.

Dios mío, es como si estuviera relatando la historia con 2000 años de anticipación. Y es bien clarito: donde está el Bien, el Más Grande Bien, es hasta razonable que aparezca el Mal, el más grande mal, para enfrentarlo. La gran lucha de toda la existencia. Afortunadamente, aquello sigue diciendo que: *"...vino la tierra en auxilio de la mujer y abrió la tierra su propia boca y sorbió al río que había arrojado al dragón de sus fauces"*. Cuando ustedes tengan este libro en sus manos ya habrá una respuesta. En este momento, a quince días de mi viaje a San Nicolás, la situación era de las peores. Me juego al escribir hoy que algo debe haber ocurrido que hizo que las cosas se tornaran más aliviadas, que el Gran Bien triunfó una vez más sobre el Mal y que se cumplió lo que San Juan advierte desde el fondo del barril de los siglos y el misterio. El más que famoso Apocalipsis es, en mucho, por completo simbólico, y no precisamente fácil de interpretar. En otros tramos es casi ferozmente directo, como aquí. A veces suena a terrible amenaza, cosa que admito que no me gusta demasiado, pero lo acepto. Otras repiquetea, dentro del horror, con un sonido nítido de lo mejor que acompaña al hombre en su vida: la esperanza. En este caso, de eso se trata.

El asunto es que, en aquel almuerzo y en ocasiones posteriores, mi amigo Rafael Hernández me previno sin pánico, pero con una naturalidad que mete más miedo aún contra los posibles embates del maligno cuando escribiera sobre él: *"Rezá"*, me dijo, *"defendéte con el rezo cada vez que lo menciones"*. Admito que sigo su consejo al pie de la letra mientras escribo esto. Sé muy bien que más de uno torcerá la cara con esta confesión pública, tildándome de ingenuo, tonto o —para decirlo con todas las letras del abecedario argentino— de gran boludo. No tengo defensa. Yo aquí cuento todo tal como lo siento porque no conozco otra forma de escribir. Y, por otra parte, estoy más que convencido de la existencia del demonio y sus zarandeos en la humanidad. Si alguno lo duda, que tome el periódico del día de hoy y le dé un vistazo.

GLADYS HERMINIA QUIROGA DE MOTTA cumplió 55 años el 1º de julio de 1992. Es una mujer sencilla, cálida y muy lejana a la aventura de querer aparecer en diarios, revistas, tele, radio o un libro. Está casada y tiene dos hijas, la mayor nacida en 1960 y la menor en 1965. Es abuela. Siempre fue una mujer de fe, como tantas otras. Pero el 25 de septiembre de 1983, cuando se encontraba rezando el rosario en su casa, sintió algo así como un sacudón espiritual. La Virgen se le apareció por primera vez en su propia casa. Gladys no sintió miedo en ningún momento (lo cual no es poco si imaginan ustedes qué hubieran sentido en el caso de estar en su lugar). La Virgen, simplemente, le alargó el rosario que traía en su mano sin decir palabra. Gladys se cuidó muy bien de contarle esto a alguien, incluyendo a cualquier autoridad de la iglesia. Temía que la tomaran por loca o algo por el estilo, aunque ella no dudaba de lo que acababa de vivir. Tres días más tarde, el 28 de septiembre de 1983, la aparición se repitió. El día 5 de octubre fue la tercera, siempre sin diálogo, con la Madre dándole paz y ofreciéndole su propio rosario. Sólo el 7 de octubre, ante una nueva aparición, Gladys recuerda haber visto a la Virgen rodeada de una gran luz y haberse atrevido a saber más. Le preguntó qué esperaba de ella, qué esperaba de todos los humanos. No hubo aún una respuesta en palabras. Ante el asombro de la vidente, apareció frente a ella un templo de grandes dimensiones. Gladys aún seguía sin comprender, pero sin asustarse. El 12 de octubre decidió contarle todo a su confesor y guía espiritual, el padre Carlos A. Pérez, párroco de la catedral. El sacerdote la escuchó con atención, hizo un par de preguntas, se sorprendió con las respuestas y prefirió seguir con el secreto y esperar. Al día siguiente, lunes 13 de octubre, día en que curiosamente había aparecido por última vez la Virgen de Fátima, muchos años atrás, Gladys tuvo una nueva visión. Pero ésta fue diferente a todas: la Virgen habló por primera vez. Dijo exactamente:

*"Has cumplido. No tengas miedo. Ven a verme. De mi mano caminarás y muchos caminos recorrerás."*

Agrega, además, una cita bíblica que Gladys desconocía por completo. La Virgen le pide que recurra a Ezequiel 2: 4-10. La frase inicial que allí figura es contundente: *"Son hombres obstinados y de corazón endurecido"*. A estas alturas es bueno poner en claro que Gladys Motta no tenía conocimientos bíblicos en absoluto. Anota prolija y literalmente lo que la Virgen le dice pero ignora de qué se trata hasta que recurre a las Escrituras, al principio con una considerable dificultad. Gladys es una mujer muy sensible, pero de ninguna manera una intelectual que especule con algo. Apenas si llegó a completar el cuarto grado de la escuela primaria. Viaja a la ciudad de Rosario con cierta desesperación, buscando a Aquella que se le aparecía en alguna imagen conocida. En la catedral de Rosario ve una. Es una imagen pequeña y, al cerrar sus ojos, aparece nuevamente la Virgen a su lado. Le dice: *"Escucha mis pala-*

*bras y hazlas escuchar. Siempre seré tu guía"*. Luego contará que una luz muy fuerte y muy blanca la iluminó por completo, sintiéndose bendecida por la aparición. Dos días más tarde sucede otra aparición y un nuevo mensaje: *"Rebeldes son los injustos y humildes los servidores de Dios. Busca ayuda, se te dará. No temas, nada te pasará; el Señor no deja nada librado al azar"*.

Este era tan sólo el principio. En total serían 1887 mensajes, alguno de los cuales eran francamente proféticos y —puede decirse que todos— cargados de esperanza de una manera dulcemente abrumadora. Ya lo irán viendo y apreciando.

EL PADRE PÉREZ había escuchado el relato de Gladys con su habitual gesto adusto, pero quizás con unas campanillas que sonaban en algún lugar de su corazón anunciando una buena nueva. Fue al cabo de unos días cuando decidió recurrir a su amigo, el doctor Pellicciotta. Nueve años después Diego y yo estamos en el consultorio del facultativo, en una noche fría y solitaria, una noche tan silenciosa y vacía que parecía de otros.

—Es a usted al primero que el padre Pérez le confió lo que ocurría...

—Sí, claro. Porque ¿a quién le podía contar semejante cosa?... Fue el 13 de noviembre de 1983. Vino Gladys, entró acá como un pichoncito, una persona humilde... Para esto, aquí en San Nicolás, habían empezado a brillar como con chispas luminosas unos rosarios de esos grandes, que se cuelgan en las paredes. Parecían despedir flashes y no había manera de explicarlo científicamente porque, para colmo, eran rosarios de madera que no pueden conducir electricidad. Ocurrió en siete casas de la ciudad, una de ellas la de Gladys...

—Perdón, doctor, pero ¿quién le contó a usted ese fenómeno?

—Cada uno que lo vivió. Pero, además, yo mismo vi uno. En casa de una tía de mi señora. Yo vi cómo saltaban chispas del rosario, como relámpagos chiquitos. Lo puedo atestiguar en forma personal, de la misma manera en que pueden hacerlo mis chicos que por entonces tenían unos diez años de edad...

—¿Y cómo fue su primer encuentro con Gladys?

—El padre Pérez me pidió que la viera y yo suspendí todo lo que tenía programado porque aquello era demasiado importante.

—¿Gladys le contó todo ese día? Me refiero a la primera aparición y a las posteriores...

—Todo, todo. Yo estuve al lado de ella desde el primer momento y en los primeros años tuve que escapar a los periodistas no sabe cómo... Dijeron cosas de mí que mejor ni recordar. Barbaridades. Pero para mí la fe era más importante que todo lo demás. Todo lo que escribieron ya murió, en cambio lo otro quedó en mi corazón y es eterno...

—¿Qué le cuenta Gladys?

—Gladys no tenía cultura de ningún tipo, ni religioso ni bíblico. No sabía nada. Ella me cuenta lo de la primera aparición. Le dice al esposo, a las hijas... El esposo no entendía nada y no sé si ahora las entiende por completo, porque es una persona que en estas cosas no anda. Las hijas sí, fueron entendiendo con el tiempo. Pero el esposo mismo le dice que vaya a ver a un sacerdote. Al que ella veía siempre era al padre Pérez, que iba al asilo del Carmen, cerca del Santuario.

*Hoy el Santuario es una realidad en construcción. Antes de eso, los terrenos de noventa metros de frente por otro tanto de fondo que son vecinos de la ribera conformaban un barrio de emergencia al que se conocía con el nombre de "Villa Pulmón". En el exacto lugar donde hoy tiene su entrada el Santuario, había una capilla dedicada a la Virgen de Itatí, con un cuadrito que la mostraba con ternura. Durante la época del proceso* militar aquella villa fue erradicada, barriendo con todo, aun con la capillita. A pesar de esto se siguió honrando a la Virgen en ese sitio, y el lugar —un llano merced a las aplanadoras— pasó a ser, para todos los habitantes de San Nicolás de los Arroyos, "el campito"... Eso era en la época a la que se refiere en su relato el doctor Pellicciotta: un "campito" ribereño distante 50 metros de la casa, ciertamente humilde, de Gladys de Motta.

—Cuando yo tomo conocimiento del caso somos muy pocos los que lo conocemos. Gladys y su familia, por supuesto; el padre Pérez; la familia de Mastrovincenzo, un comerciante de la ciudad y hombre de una gran fe y yo, con mi propia familia... Nadie más. El problema era, al principio, el marido de Gladys. No entendía nada y para colmo a los curas no los quería ni ver. Era tremendo. De decir "a mí no me vengás a poner los sotanudos acá", y ese tipo de cosas...

—¿Cambió después?

—Y, ahora se acostumbró. Hubo un cambio total. Cambió el barrio, cambió todo, y también cambió él cuando vio —a pesar de su negación del principio— que las cosas eran muy evidentes. Todo se fue dando como para que nadie pudiera dudar...

Y no era para menos. La casualidad es una mentira aceptada de manera colectiva como algo que, simplemente, ocurre. Pero no es así. En el caso del campito, esos mismos terrenos lindantes al Arroyo del Medio que separa a la provincia de Buenos Aires de la de Santa Fe fueron —hace más de un siglo y medio— el sitio donde se honraba a la Virgen del Rosario. Los malones que atacaban cada tanto a poblaciones de la zona fueron los primeros en destruir aquel rudimentario pero no menos importante santuario. Mucho después, en el mismo lugar, lo que ya contamos: un espacio donde se honraba a la Virgen de Itatí borrado por las topadoras de mediados de los años setenta. Después esto, que es hoy una realidad. No hay nada que hacerle, la Virgen no quiere irse de allí, parece ser. ¿Quién puede dudar?

—La Virgen siempre estuvo acá. Después Ella misma

dice en uno de los mensajes: "Yo soy Patrona de esta región". Eso nos tocó vivirlo como los escribientes de esos mensajes...

—¿Gladys no escribe sus mensajes?

—Sí, sí, ella los escribe. A veces alguno de nosotros la ayuda a transcribir, pero respetando cada palabra de lo que nos dice. Pero, de manera habitual, es ella la que escribe con un léxico que no corresponde, con todo respeto, a su cultura... Cuando Gladys le pregunta a la Virgen qué es lo que quiere, se le aparece una imagen de un templo, una banderita verde y una antorcha. Los pocos que estábamos en el tema por entonces nos preguntamos: ¿y esto qué es?, ¿qué será? Además no se sabía de qué Virgen se trataba. Fuimos a Rosario, pero no era Esa la que ella veía. Al menos así nos lo contaba Gladys, porque era la única que la veía, aunque nosotros estuvimos en algunos momentos en los que ocurría la aparición...

—¿Usted asistió en persona a una aparición, alguna vez?

—Muchas veces. Yo diría que en 150, casi 200 apariciones, yo estaba allí con otros testigos en el momento de suceder.

—Pero, doctor. ¿Cómo se daban cuenta de que ocurría algo así?

—Porque, rezando el rosario, ya sabíamos que comenzaba en ella un estado especial. Gladys estaba como todos, normal, pero de repente cambiaba y había una forma de trance en el que empezaba a agitarse. En los primeros tiempos se ponía muy nerviosa, se tensionaba enormemente. Lo extraordinario era cuando la Virgen hablaba por su boca, con la voz de Gladys, pero diciendo cosas que ella ni siquiera podía haber imaginado...

—Las palabras que ella usaba ¿tenían que ver con su cultura?

—Nooo... Gladys es una persona con cuarto grado,

pero recreaba los mensajes con un manejo del idioma que era imposible para alguien como ella. Cuando hablaba no había equivocación. Nosotros sí teníamos conocimientos bíblicos. La señora de Mastrovincenzo es catequista, mi señora también, yo mismo tengo conocimientos religiosos, pero Gladys no tenía ni la menor idea. Cada uno de nosotros rezábamos el rosario con ella y, de alguna manera, estábamos esperando una aparición, cosa que ocurrió en muchas ocasiones. En su casa o acá mismo, en este consultorio, donde usted está sentado ahora, se apareció la Virgen a Gladys con un nuevo mensaje...

*Admito, sin el menor atisbo de vergüenza, que cuando el doctor Pellicciotta dijo eso sentí como si me tiraran un cubito de hielo en la espalda. Allí mismo. Donde yo estaba sentado. Al salir de aquella entrevista mi joven amigo Diego se me adelantó para decirme que había sentido un impacto muy especial al saber que compartíamos algo así como un lugar sagrado. Pensándolo en frío la cosa es bastante boba, porque si uno tiene fe en serio sabe que la Virgen está donde uno esté, pero en ese momento todo el clima era demasiado fuerte.*

—Recuerdo una vez en la que estábamos reunidos los únicos que hasta entonces sabíamos del hecho y que Gladys tuvo uno de esos trances...

—Perdón, doctor, ¿cómo son esos trances?

—En medio de la oración compartida, ella cierra los ojos y se pone muy tensa. Tiembla un poco, después se aquieta y —siempre con los ojos cerrados— comienza a escuchar e incluso a dialogar con la Virgen...

—¿Ella sabe lo que está diciendo?

—Han ocurrido cosas que no tienen explicación, con todo lo inexplicable de este caso... En una ocasión, por ejemplo, éramos varios los que rezábamos con ella y de pronto vemos que entra en trance. Empieza a escuchar a la Virgen. Todos los demás estábamos pendientes de ella. En un momento dado Gladys dice: *"Madre...*

*¿cómo?... Tesaloni...*" y no entendía porque no tiene un conocimiento cabal de la Biblia. Nosotros nos desesperábamos diciéndole: "Tesalonicenses". Ella escuchaba la cita de la Virgen sobre las Sagradas Escrituras, pero no sabía qué era eso. Aquella ocasión fue una prueba bien clara de que hablaba repitiendo aún cosas que desconocía por completo...

*Es buena cosa recordar que quien está relatando todo esto, respetado al pie de la letra, palabra a palabra lo que surge del grabador, es un médico. Un científico, con todo lo que eso significa. Un hombre de fe pero educado de manera racionalista, al pan, pan. Pero no hay dudas de que este hombre se rindió ante la evidencia irreprochable de su propia experiencia.*

De acuerdo a sus mensajes, era evidente y claro que la Virgen pedía que se construyera en "el campito" un santuario al que Ella misma definía como "grande para albergar a muchos fieles, pero no lujoso". A esa altura los pocos que conocían el hecho seguían desconociendo de qué Virgen se trataba. No era la que Gladys vio en la ciudad de Rosario, ni tampoco la de Itatí, ni ninguna de las que los entendidos le describían a la vidente. Mientras tanto, en el campanario de la catedral, reposaba olvidada por todos una imagen de la Virgen del tamaño de una persona que se había "archivado" allí porque estaba descascarada, vieja, con una mano arrancada por el tiempo. La llamaban cariñosamente "la manquita", pero nadie la recordaba. Era una imagen de Nuestra Señora del Rosario que había ocupado un lugar de privilegio en 1884, al inaugurarse la catedral de San Nicolás. Había sido traída desde Roma, donde había sido bendecida por el Papa León XIII. Era de madera, llevaba al Niño en sus brazos, portaba un gran rosario y vestía un manto azul y una túnica de color rosa. Pero ¿quién se acordaba de "la manquita"? Era casi "impresentable" por su aspecto deteriorado, razón por la cual ocupaba un oscuro rincón del campanario desde hacía años. Fue el padre Pérez quien la recordó. Llevó a Gladys hasta el lugar y allí cayeron todas las dudas como un castillo de naipes. La vidente dijo lo que por meses todos esperaban escuchar de sus labios: *"Es Ella. Estoy segura, muy segura. Es Ella la que veo"*. En la siguiente aparición la misma Virgen le dijo con toda naturalidad a Gladys: *"Me tienen olvidada pero he resurgido. Ponedme allí porque me ves tal cual soy"*, para agregar luego con una convicción absoluta: *"Quiero estar en la ribera del Paraná. Allí donde visteis mi luz. Que no flaqueen tus fuerzas. Gloria al Altísimo."*

Se refería al campito, sin duda alguna. Porque aquello de "allí donde visteis mi luz" es toda una historia. La que sigue después de que se tomen un pequeño respiro.

## DOS

# La mujer vestida de sol

*Aclaraciones sobre la Virgen.*
*Un mensaje especial para la Argentina.*
*Los misterios de algunas imágenes.*

Lo que sigue después en aquella investigación periodística en San Nicolás de los Arroyos es francamente impresionante. Un estampido de asombro y de belleza que, por momentos, nos erizó la piel y, en otros, nos llenó de amor.

Pero, antes de eso, vamos a aclarar algunos puntos.

Ni ustedes leen esto como un libro religioso ni es ésa mi intención al escribirlo. Sólo se trata de contar hechos reales, con nombre y apellido de sus protagonistas, para que después cada uno saque sus propias cuentas sobre el asunto. Por eso, como no somos —ni el autor ni los lectores— teólogos ni consumados expertos en estos temas, es buena cosa aclarar algo. Habrán oído hablar de la Virgen de Fátima, la de Guadalupe, la de Lourdes, la de San Nicolás ahora y muchas otras. Atención: no se trata de vírgenes diferentes, Ella siempre es la misma, la Madre de Jesús. No hay que confundirla, como ocurre a veces, con las santas. Los más entendidos pensarán que es ésta una aclaración innecesaria, pero este libro no es para los más entendidos sino para los que quieren entender. La Virgen es, siempre, la Santísima Madre y, como se sabe, madre hay una sola —con todo respeto— aun para un caso como éste. Los nombres diferentes que se le dan suelen estar marcados por un hecho milagroso o una aparición que sirven para identificar con toda claridad precisamente esa circunstancia. Algunos ejemplos, sólo de la Argentina, nos ayudarán a comprender:

## LA VIRGEN DE LUJAN

En el año 1631 un católico portugués que se había afincado en Santiago del Estero mandó traer desde España dos imágenes religiosas: Nuestra Señora de la Consolación y Nuestra Señora de la Pura y Limpia Concepción. Ambas llegaron ese año al puerto de Buenos Aires y desde allí comenzaron su larga travesía, en carreta claro, hasta la provincia del norte. Pero, al llegar a la llamada Villa de Luján, solamente 70 kilómetros al oeste, la carreta que portaba a una de las imágenes se negó a seguir avanzando. Fueron inútiles los esfuerzos de todos los que formaban la comitiva, comandados por alguien a quien se conocía como "el Negro Manuel", que había sido designado como responsable del traslado desde Brasil. No había nada que hacer: los bueyes no estaban dispuestos a dar un solo paso más. Después de horas de intentar al principio la persuasión y luego la fuerza para convencer a los animales pero sin ningún éxito, alguien hizo bajar la imagen de Nuestra Señora de la Pura y Limpia Concepción, que era la que viajaba en aquella carreta. Casi no tenía sentido aquella idea, teniendo en cuenta que esa imagen no era demasiado grande ni pesaba gran cosa. Pero, apenas lo hicieron, los hasta entonces obstinados bueyes retomaron el paso con naturalidad. Probaron varias veces, bajando y subiendo la imagen de la Virgen y el resultado era siempre el mismo: con Ella en la carreta los bueyes no se movían; sin Ella avanzaban. Otro tuvo una idea que sí fue valiosa para probar el hecho milagroso: colocar en la carreta un peso idéntico al de la imagen. Ante el asombro de todos, los animales no tenían inconveniente en continuar. Aumentaron ese peso y los bueyes iniciaban igualmente el paso como si nada. Pero, al descargar por completo el vehículo y depositar en él nada más que la imagen de Nuestra Señora, los animales retomaban su empecinamiento y no había forma humana de hacerlos avanzar. Todos aceptaron el hecho como una señal inequívoca de la voluntad de la Virgen de quedarse en esas tierras. Y lo cumplieron al pie de la letra. Se la entronizó y, en ese mismo lugar, se construiría con los años la que es una de las catedrales más hermosas del mundo. Perdió su nombre anterior y ganó, en virtud al sitio donde ocurriera aquello que se consideró milagroso, el de Virgen de Luján. La Patrona de nuestro país, en cuyo Santuario cada año, durante la peregrinación a pie que se realiza desde la Capital, se reúnen alrededor de un millón de fieles, hecho único en el mundo.

## LA VIRGEN DE MONTSERRAT

Suceso prácticamente idéntico al de la imagen de Luján y una suerte de retribución divina, ya que ocurrió en Santiago del Estero, el lugar adonde debía llegar aquélla. También los bueyes, que empujaban una carreta hacia el Norte, se negaron a continuar en un llano de Santiago. Les fueron sacando carga y todo seguía igual. Hasta que quedó una pequeña caja solamente, pero con los animales que parecían clavados al suelo. Al retirarse la caja y llenar la carreta con el resto de la carga, los bueyes iniciaban el paso como si nada. Intrigados, los hombres a cargo abrieron el pequeño arcón y recién allí supieron que se trataba de la Virgen de Montserrat, la que allí quedó aunque esta vez sin perder su nombre original de Cataluña, de donde venía. Pero sí hubo un cambio de nombre gracioso. El lugar fue conocido desde entonces como "Villa Silípica" debido a que en aquella ocasión en que los bueyes no se movían, el jefe de la caravana le indicaba con mucho malhumor al conductor de la carreta: *"Si li pica, hombre, si li pica"*, para indicarle que debía picar o picanear a los animales como se hacía por entonces cuando se ponían especialmente tozudos. Pero, por más que "si li picó", parece que había decisiones más importantes.

## LA VIRGEN DEL TRANSITO

Otro caso de una Virgen que "quiso" quedarse en un lugar. La traían desde Bolivia, en 1840. Acamparon en San Fernando de Catamarca y en este caso fue un burrito el que se negaba a seguir con su preciosa carga. En este ocasión, incluso, uno de los integrantes de la caravana tomó la imagen en sus brazos y pretendió continuar la travesía de esa manera. Pero, a los pocos pasos, se desprendió la coronita de la imagen, y luego la túnica. Comprendieron que aquello excedía su entendimiento y aceptaron dejarla allí. Como se supone que solamente estaba de paso por el lugar, la llamaron —y así quedó para siempre— la Virgen del Tránsito. Aunque los lugareños, con una irreverencia teñida de ternura y recordando el empecinamiento de la imagen al no querer seguir, le pusieron el insolente pero deliciosamente cariñoso nombre de "la Porfiadita".

## LA VIRGEN DEL VALLE

Por el 1620 es hallada, a unos diez kilómetros de la actual ciudad de Catamarca, en un lugar llamado La

Gruta, la imagen de la Virgen. Nadie sabe con certeza cómo había llegado a ese lugar, pero a la gente del pueblo no le importó demasiado ese detalle. La instalaron y la homenajearon de la única forma que conocían: con bailes, animados fogones y fiesta continuada. Un acaudalado español de nombre Manuel Salazar creyó que era casi blasfemo aquel tipo de inocente homenaje. Se llegó hasta La Gruta y rescató a escondidas la imagen, llevándola a su casa. Pero al día siguiente, al despertar, comprobó que la Virgen ya no estaba con él. Volvió a La Gruta y allí la encontró, solita. Emprendió un nuevo rescate con el mismo resultado. Lo intentó por tercera vez, colocando guardias reforzadas en la entrada de su casa, pero todo se repitió. Por lo visto aquellos "viajes" de la Virgen a La Gruta del Valle de Catamarca no se realizaban por intervención humana. A Ella, era evidente, le gustaban aquellos ingenuos, puros y nada blasfemos homenajes de la gente del pueblo. Pasó a ser la Virgen del Valle, y es, desde hace tres siglos, la Patrona de Catamarca.

## LA VIRGEN DE PUNTA CORRAL

Nos cuenta don Félix Coluccio, en su excelente libro *Fiestas y celebraciones de la República Argentina* (Ed. Plus Ultra, 1978) que, en lo alto del Cerro de Punta Corral, en la provincia de Jujuy, a 4.300 metros de altura, se le apareció la Virgen al pastor Pablo Méndez. El hombre, asombrado, escuchó que le decía que debía volver para buscarla al día siguiente. Para no equivocar el lugar, el pastor juntó varias piedras construyendo un mojón bien visible. Al regresar al otro día el mojón no existía ya, ocupando su sitio una pequeña piedrecita que, ante la sorpresa de Pablo Méndez, estaba tallada de manera natural mostrando una imagen muy parecida a

la de la Virgen de Copacabana. La llevó al cura de la
zona, quien le pidió que la dejara en la iglesia. Así lo
hizo, pero poco después desapareció misteriosamente
para ser hallada luego en el mismo punto donde el pastor la encontrara. Decidieron construir allí una pequeña capilla que fue, por precaria, destruida por el tiempo. Pero un vecino de nombre Jacinto Torres,
agradecido porque la Virgen le había devuelto la salud,
hizo reconstruir la capilla. En 1889 se inauguró la actual
iglesia a la que llegan fieles permanentemente. El nombre es el del lugar: Virgen de Punta Corral. Pero, una
vez más, el amor y la ternura de los pobladores rebautizó cotidianamente a la imagen con un apodo que no
puede ser más dulce y cariñoso: "la Mamita".

## LA VIRGEN DE LOS MILAGROS

En 1592 aparecieron flotando sobre las aguas de El
Callao, en Perú, dos cajas que podrían haber caído de
un barco o haber sido restos de un desconocido naufragio. Al rescatarlas descubrieron en una de ellas la imagen de un Cristo Crucificado y en la otra a la Virgen del
Rosario. En esa última caja aún podía leerse lo que
debía ser el destino final de la imagen, la provincia
argentina de Salta. Hacia allí fue llevada por tierra y
entronizada en la hermosa catedral. Exactamente un
siglo más tarde —en el 1692— un fuerte terremoto atacó a la ciudad de Salta. Sus despavoridos habitantes
corrieron a pedir protección a la Virgen. El terremoto
cesó y, lo más asombroso, sin que se registrara ni una
sola víctima en la población. Desde entonces se la llama
la Virgen de los Milagros y se cuenta de ella que ha concedido infinidad de pedidos que parecían imposibles de
lograr.

Ya ven: cada uno de esos nombres tiene un motivo que tiene que ver con el lugar o con algún hecho ligado a la imagen, pero la Virgen siempre es la misma, la Madre de Dios, la de todos, la Unica.

Los relatados son sólo algunos de los muchos hechos similares ocurridos en nuestra tierra, donde la población es eminentemente mariana, devota de la Virgen María. Quizás por eso no debería asombrarme tanto como me asombra que las apariciones de la Virgen del Rosario de San Nicolás hayan insistido en varias ocasiones al señalar a la Argentina como un "país elegido". Un asombro grato, lleno de emoción y de esperanzas para todos nosotros.

Ya llegaremos a eso, pero no puedo seguir sin dejarles un adelanto de lo que acabo de escribir. Siempre fui desesperado y ansioso por compartir las cosas buenas; hasta me cuesta enormemente guardar un regalo para alguien que quiero si faltan dos o tres días para su cumpleaños. Hagamos de cuenta que hoy ustedes cumplen años y les dejo este regalo para el futuro, sin que importe dónde estén, cómo estén, quiénes sean o qué piensen. Sin que importe, siquiera —y esto es muy importante— si compartimos la misma religión o, aun, que alguno de ustedes haya decidido no tener ninguna hasta ahora. El regalo-anticipo, ese mensaje, es para todos. Para todos los que quieran oírlo.

Si bien los mensajes de María del Rosario de San Nicolás son para el mundo entero —y así lo sienten centenares de personas de muchos países lejanos que viajaron y viajan especialmente al lugar— hay en varios de ellos un anuncio directo de su predilección por la Argentina. Y aquí va uno, el regalo-anticipo de lo que leerán después:

El día 5 de agosto de 1985 (a 22 meses y diez días de la primera de las apariciones) Gladys Motta tuvo una visión clarísima en la que una gran bandera celeste y blanca cubría el cielo, abrazándose con otra aún mayor de color azul, como el manto de la Virgen. En medio de aquello recibió una nueva aparición de María que, como respondiendo a las preguntas que la vidente debía hacerse en ese momento, le aclaró todo con apenas dieciséis palabras:

*"Es que yo protejo a tu país, protejo a la Argentina. Este mensaje es para tu pueblo…".*

Tomen aliento que van a necesitarlo para lo que sigue.

## TRES

# Una luz misteriosa marca un sitio

*La historia se torna apasionante. El Arca de la Alianza, algo maravilloso. Mensajes de la Virgen en Fátima y Medjugorje. Las videncias del Padre Gobbi. El campito.*

—No tenemos papel en existencia —dijo el hombre de la imprenta. Los pocos que sabían lo de las apariciones en aquel momento habían querido cumplir con uno de los pedidos de la Virgen: hacer conocer el rosario, difundir la idea de la oración. Pero el imprentero, que estaba muy dispuesto a ayudar, les estaba diciendo que no había papel en ese momento para imprimir lo que ellos luego querían distribuir en la ciudad. Y había que esperar unos cuantos días.

—Salvo que ustedes se arreglen con un remanente que tengo aquí. Es buen papel, pero no es blanco, es de color verde. No sé si sirve...

Todo servía, así que lo aceptaron. Sólo cuando tuvieron los impresos en sus manos, en aquel papel de color verde, alguien recordó que en una de las visiones de Gladys le había sido mostrado un gran templo (el santuario), una antorcha encendida (símbolo de Jesús) y una banderita verde que atribuían a la esperanza, porque no tenían ni idea de qué otra cosa podía significar. Ahora sí tenían idea.

Poco antes de eso, meramente anecdótico si quieren, ocurrió un hecho extraordinario que fue clave. En la noche del 24 de noviembre de 1983 un grupo reducido de personas acompaña a Gladys hasta el campito, el terreno ribereño enclavado en medio de un barrio humilde. El grupo estaba compuesto por seis personas: Gladys, su hija mayor, su nieta, el doctor Pellicciotta, su esposa y su hija. El médico ya era inseparable de aquel hecho, y había dos razones que hacían que así fuera: su fe, por un lado, y el encargo de vigilar e investigar aquellos primeros fenómenos desde un punto de vista más científico. Lo que sigue es el propio relato del doctor Carlos Pellicciotta refiriéndose a esa noche:

—Subimos ayudándonos unos a otros, porque en aquel entonces eso era una barranca, un lugar que no tenía acceso tan fácil y menos aún en plena noche... Yo miraba a lo lejos, hacia el centro, donde se veía iluminado el San Nicolás que está sobre la cúpula de la catedral, a unas diez cuadras de allí. Gladys me había llamado esa tarde para decirme que la Virgen le indicaría el lugar donde debía construirse el santuario y que, para eso, debía ir al campito, que era donde estábamos. Pero yo creía que la señal sería en otro lado, no allí... De repente, Gladys dice en voz muy alta "ahí está, miren esa luz, miren esa luz"... Una de las chiquitas, por entonces de nueve años, dice "sí, sí, yo la veo, la veo"... El resto mirábamos a lo lejos y apenas si nos dimos cuenta. En verdad ahí se hizo cierto aquello de no ver el bosque por mirar el árbol. Buscábamos a lo lejos, y la luz, como un relámpago blanco de unos veinte centímetros de diámetro estaba allí, al lado nuestro... La nena la describió claramente: "cayó clavándose como una estaca", dijo. Y tanto ella como Gladys señalaron el lugar exacto, en medio de un yuyal, unas hierbas que se llaman tutía...

Como se hacía con todo, también hasta en los más pequeños detalles, se investigó aquel tipo de planta. Una monjita de las Hermanas del Huerto, la Hermana

Catalina Piva, confirmó que esa hierba salvaje es conocida como "Cardo Santo" o "Cardo de María", nombres que ignoraban por completo los protagonistas de aquella noche. También ignoran, seguramente hasta este mismo instante en que lo lean, mi propia búsqueda de significados. Ocurre que hay una vieja frase de origen español que nosotros repetimos a menudo cuando queremos decir que "no hay vuelta que darle", "no hay nada que hacerle" o algo por el estilo. La frasecita en cuestión es "no hay tutía" y algunos imaginan que se habla de una supuesta tía de alguien, pero no. Se habla de una planta de la cual los árabes, hace siglos, extraían un elemento médico que parecía ser efectivo para unas cuantas enfermedades. Aún hoy existe y se lo puede encontrar en algunas farmacias homeopáticas. Su nombre original fué tuthia o atuthia. El paso indeleble de los árabes por España lo dejó como un legado más y pasó a ser "tutía", más castellanizado. Como se suponía que curaba muchas cosas, cuando uno se enfrentaba con un hecho que no tenía ya discusión, no tenía remedio de tan abrumador que era, se usaba la frase "no hay tutía". Es decir, no hay manera de cambiar esto. Hasta en el origen del nombre de aquella plantita parece estallar toda una respuesta. No hay cómo explicarlo, viejo; hay que aceptarlo como es; no se puede discutir algo así; no hay tutía.

Como si fuera poco, al llegar el invierno todos los demás cardos se secaron, salvo aquel que no solamente quedaba verde sino que, además, crecía de una manera asombrosa. Comenzó a ser objeto de veneración por parte de la gente que creía ver en él un símbolo de aquel encuentro. Alguien —nunca se supo quién— lo cortó una noche. Dos años más tarde, en el pequeño oratorio que había creado Gladys en los fondos de su propia casa, a 50 metros del campito, volvió a crecer el cardo y lo hizo de manera descomunal, llegando a los tres metros de altura. Cada uno de estos hechos —coincidencias, tal vez, nadie puede decirlo— son por completo reales y documentados aún en folios de la investigación llevada a cabo por la propia Iglesia, que no se había expedido todavía de manera oficial sobre el tema.

## EL ARCA DE LA ALIANZA

Cualquiera que haya visto la película de Steven Spielberg *Los cazadores del Arca perdida* recuerda las peripecias vividas por Indiana Jones (el maravilloso personaje antropólogo-aventurero interpretado por Harrison Ford) para defender aquella suerte de baúl sagrado, revestido de piedras preciosas pero con un valor mucho más grande que el del dinero o las joyas. Se trataba del Arca de la Alianza que, en efecto, fue perdida en algún momento de la historia, dejando como última pista su paso por Babilonia. De allí en más no volvió a saberse sobre ella. Si bien su precio podría haber llegado a ser imposible de calcular, el valor verdadero —sin precio posible— era que simbolizaba la unión entre Dios y su pueblo. Para los hebreos, de acuerdo a lo relatado en el Antiguo Testamento, guardaba el verdadero espíritu que ligaba de manera indisoluble y mágica al Creador con sus criaturas. Era lo que resguardaba a la Fe y la Esperanza, nada menos. En aquella entretenida película —obviamente de ficción, aunque sin dudas basada en documentación religiosa— el Arca es hallada por los nazis y defendida por Indiana Jones hasta que, al ser abierta por aquellos, surge de allí una ola de espíritus que aniquila a todos sus captores con gran profusión de efectos especiales. A todos menos a Jones y a su chica, claro está. En primer lugar, porque eran inocentes y también cautivos. En segundo lugar —y no menos importante, al menos para los productores— porque aún faltaban varias películas más del héroe y no era cuestión de matarlo en la primera de la serie. El caso es que, ya volviendo a lo real e histórico, el Arca de la Alianza nunca hallada vuelve a ser mencionada en el Apocalipsis de San Juan, en el que se habla de una Nueva Alianza, siempre de Dios con los hombres, nombrando en este caso a la Virgen María como una suerte de Arca viviente que será la que concrete esa unión. Pero es una unión que se ha visto seriamente comprometida a lo largo de los últimos años de la historia del mundo. El hombre pareció no querer, no saber o no poder entender. Sin ponernos en mojigatos ni pacatos de salón, debemos admitir que el ser humano en general (por supuesto no creo que todos) se ha mandado sus buenas tortas de caca por decirlo de manera tal como para no tener que soportar después algunas cartas que me piden cariñosamente que no me deje llevar por el apasionamiento y use un lenguaje más recatado. El hombre no se asustó ni por las profecías. Repasemos.

## LA APARICION DE LA VIRGEN EN FATIMA

Ocurre el 13 de mayo de 1917. La Santísima se aparece a tres chicos en Fátima, Portugal. Repitió las apariciones, tal como lo anunciara en la primera, durante seis meses, siempre el día 13. En una de aquellas ocasiones dijo a los niños que daría con el sol una prueba para que los hombres creyeran. El 13 de octubre 70.000 personas vieron cómo el sol comenzaba a girar de manera enloquecida, arrojando luces de colores a diestra y siniestra mientras se acercaba a la tierra hasta el punto de pánico, creyendo todos que chocaría contra ella. No lo hizo y volvió a su posición habitual. Nunca hubo una explicación oficial respecto a este hecho asentado de manera histórica en una gran cantidad de documentos. En una de sus apariciones a los chicos les reiteró que pidieran oración al mundo y mayor entrega espiritual, advirtiendo que si las ofensas a Dios continuaban habría una terrible guerra sobre el final del papado de Pío XI. El cardenal Achille sería ungido Papa recién cinco años después, tomando precisamente el nombre de Pío XI. Moriría en 1939, año en que daba comienzo la Segunda Guerra Mundial. Sin que olvidemos que aquellas apariciones ocurrían en 1917 y antes de la revolución que terminaría por llevar al comunismo al poder en Rusia, repitamos hoy uno de los mensajes, especialmente estremecedor teniendo en cuenta que ya vimos todo lo ocurrido:

> *"Yo vengo a pedirles la consagración de Rusia a mi Inmaculado Corazón... Si escuchan mis pedidos, Rusia se convertirá y habrá paz. Si no, ella dispersará sus errores a través del mundo provocando guerras y persecuciones a la Iglesia... Al final mi Corazón Inmaculado triunfará. El Santo Padre consagrará Rusia a Mí y será convertida y un cierto período de paz será dado al mundo."*

Por lo que la historia nos cuenta sin posibilidad alguna de discusión, Rusia —en efecto— fue elemento fundamental en guerras y en persecuciones a la Iglesia. Según todo parece indicarlo, cumplidos ya los primeros seis meses de 1992, cuando escribo estas líneas, aún siguen muriendo muchas personas en las luchas internas de lo que era hasta no hace mucho la Unión Soviética. Es alentador aquello de "al final mi Corazón Inmaculado triunfará" y más aún que "un cierto período de paz será dado al mundo". Pero como en este mismo instante el planeta está pasando justamente por ese "final de la historia" donde todo, luego, será escrito nuevamente, mientras esperamos el momento de paz que no supimos conseguir, los habitantes de buena parte de la que se llamó Yugoslavia están comiendo pasto del borde de los caminos para poder llevar algo a sus estómagos. Y esto, lamentablemente, no es una manera de decir sino una realidad total mostrada y contada por los periódicos del mundo entero. Comiendo pasto.

El mensaje de Fátima no fue escuchado. Por un lado el materialismo dialéctico del comunismo y por el otro el materialismo de un capitalismo salvaje han ido alejando al hombre, a la larga, de la idea de Dios, de Dios mismo.

## LA APARICION DE LA VIRGEN EN MEDJUGORJE

Medjugorje es una pequeña aldea yugoslava donde el 24 de junio de 1981 la Virgen se apareció por primera vez a un grupo de seis chicos, el menor de diez años y la mayor de diecisiete. A fines de julio de ese mismo año miles de personas vieron escrita en el cielo la palabra MIR, que significa "Paz" en idioma croata. Las fotografías que se tomaron de aquel fenómeno inexplicable fueron inmediatamente confiscadas por las autoridades del gobierno comunista de entonces. Todos los mensajes dados por Nuestra Señora a los seis chicos hablaban de una urgencia por alcanzar la paz, por orar, por reconciliarse con Dios. La sensación que deja la Virgen en aquellos a veces aterradores mensajes es la de una madre que pide a sus hijos que "dejen de portarse mal" porque, aunque Ella está haciendo lo posible para calmar al Padre, no sabe hasta cuándo podrá hacerlo, y entonces el castigo puede ser muy grande.

*"Paz, Paz, Paz. Que reconcilie sólo la Paz, hagan la Paz con Dios y con ustedes mismos. Para eso es necesario creer..."* (Mensaje del 26 de junio de 1981).

*"Es necesario salvar al mundo mientras aún existe tiempo. Para eso hay que rezar con fuerza y tener un espíritu de Fe..."* (29 de noviembre de 1981).

*"La señal vendrá, no deben preocuparse de esto. La única cosa que quisiera decirles es que se conviertan. Hagan saber esto a todos mis hijos tan rápidamente como sea posible. Ningún dolor o sufrimiento es tan grande para Mí cuando se trata de salvarlos a ustedes. Yo rezaré a Mi Hijo para que no castigue al mundo, pero imploro a ustedes: conviértanse..."* (24 de junio 1983).

*"Yo no necesito que digan la oración del Señor cien o doscientas veces. Es mejor rezar una sola vez pero con el deseo verdadero de querer encontrar a Dios. Deberían hacer todo con amor. Acepten todas las molestias, todas las dificultades, todo con amor. Dediquen su amor"* (9 de marzo 1985).

Y así siempre, en un tono maternal y dulce, pero de advertencia. Estos son solamente algunos de los mensajes de la Virgen de Medjugorje.

A título meramente informativo, los nombres de los seis jóvenes a los que se apareció la que luego fue llamada Reina de la Paz: Mirjana Dragicevic Soldo; Ivanka Ivankovic Elez; Vicka Ivankovic; Jakov Colo; Marija Pavlovic e Iván Dragicevic. Pero los mensajes no eran para ellos solos, claro. Eran para el mundo.

Otro caso contemporáneo y extraordinario es el del sacerdote italiano Stéfano Gobbi. El padre Gobbi no tiene videncias en las apariciones de la Virgen sino lo que se da en llamar "locuciones". Esto significa que el sacerdote "escucha", desde 1973, en su propio interior, los mensajes que la Santa Madre le hace llegar. Son palabras que, en todos los casos, están dirigidas a los hombres consagrados a la Iglesia y reunidas en un libro titulado *A los sacerdotes, hijos predilectos de la Santísima Virgen*. El receptor, el padre Gobbi, los anota prolijamente con una caligrafía que por lo general no es la habitual en él. En estas locuciones interiores la Virgen pide, muy especialmente, un mayor acercamiento a Dios y una búsqueda de unión entre los sacerdotes, a los que advierte que habrán muchas personas y fuerzas dispuestas a dividirlos o aun enfrentarlos. Menciona los diez últimos años de este siglo —lapso que ya transitamos— como los de una gran prueba para los hombres de la Iglesia, anunciando que es cuando se cumplirán todos los acontecimientos predichos por Ella. Les advierte a los sacerdotes que no serán tiempos fáciles para ellos y les pide mayor devoción que nunca.

El padre Stéfano Gobbi es cabeza del Movimiento Sacerdotal Mariano, que tiene carácter internacional. Estuvo en la Argentina en el mes de mayo de 1992. Aquí la máxima autoridad de ese movimiento es monseñor Rubén Dimonte, obispo de Avellaneda, así como el señor Federico Ferreyra en lo que hace al contacto con los laicos.

El padre René Laurentin es un sacerdote francés que tiene ahora 75 años de edad y un considerable prestigio mundial como teólogo y periodista especializado en la Virgen; lo que se da en llamar un mariólogo. Lleva escritos más de cien libros y ha viajado por el mundo entero cada vez que consideró que la información que llegaba a sus manos sobre una nueva aparición era lo suficientemente razonable. Es bueno aclarar ahora que suelen brotar centenares de testimonios cada año de personas que aseguran haber vivido una de esas experiencias, pero la mayoría de esos casos son desechados a poco de comenzada una investigación. No se deben a una supuesta mala fe de los dicentes sino a confusiones, algún tipo de ataque místico, alguna alteración mental o, sencillamente, un error. Casi nunca se trata de un fraude premeditado, aunque también se da el caso de cuando en cuando.

El padre Laurentin suele ser una pieza clave y a menudo decisiva en cada uno de los casos que surgen. Hace un par de años viajó desde Francia hasta San Nicolás de los Arroyos. El resultado —luego de un tiempo prolongado que dedicara a estudiar el tema en profundidad— fue su libro *María del Rosario de San Nicolás*, un volumen donde con pluma maestra desgrana la historia apoyándola con tácito fervor.

El sacerdote francés, uno de los más grandes mariólogos del mundo (si no el mayor), se pregunta en su libro si esa gracia —a la que considera duradera y no momentánea— será una gracia local, para la Argentina, o lo será para la Iglesia universal. Y también se pregunta cuál será el alcance de semejante gracia. Nosotros —ustedes y yo— podemos hacernos las mismas preguntas para no encontrar, como Laurentin, ninguna respuesta. No al menos por ahora. Salvo ver al Santuario crecer día a día, a veces lentamente como en la época de la inflación feroz, pero sin detener su marcha. Comprobar que cada 25 de todos los meses son miles los peregrinos que llegan a la ciudad solamente para rezarle a la Virgen y asistir a la misa que se da especialmente. El 25 de mayo de 1992 fue lunes pero feriado. Ese día San Nicolás recibió alrededor de 90.000 personas que se nucleaban en el Santuario y algunas cuadras alrededor de él. ¿Tienen una idea de lo que esto significa en una población de 140.000 habitantes pero diseminados a lo largo de varios kilómetros? Proporcionalmente, para los porteños, es como si en un sólo día llegaran a Buenos Aires unos tres millones de personas y se reunieran rodeando la Catedral.

"El campito" ya no es solamente un campito. En aquel lugar donde cayó una luz como una estaca hay una estrella que marca el sitio exacto y que está cerca de la entrada al templo que hoy se usa a diario. Todo se está logrando por la gente, toda la gente que ayuda en lo que puede. El obispo, monseñor Castagna, lo dijo hace años: *"Este templo no tiene que ser la obra de nadie en particular; es la obra de todo el pueblo. El gran padrino de este templo es el pueblo de Dios".*

Pero una vez más me estoy adelantando en la historia. Ustedes no conocen aún la charla con el obispo, ciertamente apasionante. No les transcribí aún los principales mensajes de Nuestra Señora que —a diferencia de los de otros lugares y otros tiempos— no tienen un tono de profecías apocalípticas sino de una esperanza plena y confortante. No les dije ni media palabra sobre las curaciones realmente milagrosas que se inscriben como uno de los asombros visibles por todos en esta historia. Ni siquiera saben aún cómo es Gladys Quiroga de Motta. Y no sé si contarles el episodio en el que se produce la posesión diabólica de un habitante de la ciudad en un momento en que el de la larga cola ya no soportaba tanto homenaje que crecía en torno a su enemiga de siempre, la Virgen. ¿No ven? Soy un descuidado, un desorbitado, un desbolado. O tal vez sea esa trampita periodística que uno lleva ya grabada a fuego y que consiste en dejar lo más fuerte para el final, qué sé yo.

## CUATRO

# El demonio aparece

*El padre Pérez. Los mensajes de la Virgen. ¿Es éste el principio del fin? El doctor Pellicciotta y su asombroso relato sobre una posesión diabólica en San Nicolás.*

Anochecía y las primeras sombras se dejaban caer perezosamente sobre el campito, esfumando sus formas y ocultando poco a poco con ese abrazo de tinieblas a la enorme grúa amarilla que ahora estaba silenciosa y quieta, al tapial tras del cual los obreros se habían movido de un lado al otro durante el día y al mismo Santuario, de cuyo interior iban apareciendo pequeñas luces amarillentas que anunciaban la próxima misa vespertina. El padre Carlos Pérez, rector del lugar, seguía atendiendo gente en la secretaría. *"Es muy buena persona pero muy parco. No esperes que te cuente demasiadas cosas"*, me había advertido el padre Rafael. No era aquella una de las mejores cartas de presentación que había escuchado en mi vida, pero también las hubo peores. Cuando entré a su despacho una mole maciza se levantó de su sillón tras el escritorio y una boca sin sonrisas de compromiso me dijo "adelante" en un tono neutro. Era el padre Pérez.

Coincidiendo con su imagen de boxeador en retiro (pero no mucho), puede decirse que hubo una especie de primer round de estudio que duró algunos minutos y durante los cuales sus silencios eran más largos que las muy breves respuestas. Después pasó algo, no sé bien qué. Tal vez, de puro escucharme en mi intención de no dejar baches en la charla, porque eso es lo peor que puede pasar en un reportaje y es el umbral del fin de la entrevista, el padre Pérez —que no dejaba de mirarme con ojos perforantes pero para nada agresivos— comenzó a bajar la guardia. El "parco" se esfumó de pronto y apareció un hombre que pareció sentirse como con uno de los suyos, pateó una desconfianza por reporteros y grabadores que debe venir arrastrando desde que todo comenzó y hasta creo que en algún momento sonrió, pero no exageremos porque esto tal vez forme parte sólo de mi imaginación.

—Padre: supongo que usted tiene una opinión formada respecto a Gladys y a las apariciones...

—Sí, la tengo. Han pasado demasiadas cosas en estos nueve años como para dudar. Pero es sólo mi opinión personal la que puedo darle...

*Buen juego de piernas, una finta rápida para evitar un golpe inesperado, se ve que el hombre tiene años de entrenamiento en cautela, lo cual lo hace lo que es, un buen cura.*

—¿Por qué cree usted que Gladys ha sido elegida?

—No puedo saberlo. No fui yo quien la eligió. Apenas me transformé, como ella misma, en un instrumento.

*Bien plantado en medio del ring, no ofrece flancos, lanza sus golpes hablando en un tono profundo pero tranquilo, sin pegar a ciegas.*

—¿Por qué sucede esto en la Argentina?

—¿Por qué Dios eligió al pueblo de Israel? Son cosas que no pueden saberse. En este caso se puede decir que la Argentina es un pueblo muy mariano y que, a pesar de todo lo que pueda ocurrir acá, también es un pueblo con una gran pureza de espíritu comparado con muchos otros del resto del mundo.

Entremos en tema con los mensajes de la Virgen que hablan de manera específica de nuestra tierra. Son varios y los transcribo de manera literal, tal como los escribiera Gladys, aquella que confesó que antes de todo esto nunca había escrito una carta en su vida.

En la aparición ocurrida el 18 de febrero de 1984 parece estar la explicación de muchas cosas. La Virgen le dice a Gladys:

*"En todos los lugares del mundo donde han sido dados mis mensajes parecería que se predicó en cementerios, no hubo la respuesta que quiere el Señor. Por eso tu pueblo fue elegido. Predica para que tus hermanos respondan al llamado del Señor Nuestro Dios".*

Luego, a lo largo de estos años, la Santísima Madre sigue arrojando una miel de esperanzas sobre los argentinos con nuevos mensajes que nos aluden directamente:

*"Hija mía: desde tu Patria el señor está haciendo nacer en el cristiano un nuevo cristiano. Desde tu Patria estoy posando mis manos sobre todos mis hijos. Sí, hija, desde aquí todos los pueblos me conocerán y sabrán que renovar el corazón es desear que el Señor viva en el corazón".*

*"Hija mía: por la Gracia de Dios podrá el hombre vivir eternamente. Por la Gracia de Dios se obtiene su Gracia. Por la Gracia de Dios esta tierra es bendita con su presencia".*

*"...En esta tierra bendecida por Dios tendré mi morada y, desde aquí, rociaré con mi amor a cada hijo... Donde están las necesidades de los hijos, está la Madre, refugiándolos con su Manto".*

*"Con este Santuario se engrandece la Obra de Dios. Serán benditos los que aquí pongan sus pies; es que será el Santuario una coraza para tu pueblo".*

*"Gladys: ha sido éste el Pueblo elegido por el Señor. Digo a todos tus hermanos: vuestra fe debe ser altamente demostrada; vuestra confianza, verdadera confianza. Mi amor de Madre se os manifiesta grandemente. Dad gracias al Señor. Bendito y alabado sea".*

Hay, en otros mensajes, varias referencias al estilo de: *"Este bendito suelo argentino"; "...hay en tu pueblo una conmovedora respuesta al Señor...",* y aquel en el que, ante una visión de Gladys de una gran bandera celeste y blanca enlazada en el cielo con otra azul como el manto de Nuestra Señora, le dice: *"Es que yo protejo a tu país, protejo a la Argentina. Este mensaje es para tu pueblo".*

Y hay un mensaje en especial que parece aún más definitivo. Gladys lo recibe durante la aparición del 14 de febrero de 1986. Cito textual:

*"Este país se mantiene todavía casi íntegro, comparado con otros países que están deteriorados, casi desechos espiritualmente. En esos lugares la mente de los hombres, en su mayoría, está dominada por el malvado. Aquí sucede todo lo contrario; es que la Obra de Dios está dando sus frutos. En este país mis hijos se están entregando al Señor y el mal no entra jamás donde habita Dios".*

—Padre, tengo entendido que hubo curaciones milagrosas...

—Hubo curaciones extraordinarias, sí. Curaciones que la ciencia no puede explicar. Pero el verdadero milagro es la cantidad de conversiones que se suceden día a día. Usted tendría que escuchar en el confesionario la enorme cantidad de hombres y mujeres que hacía mucho que no se acercaban a la iglesia y que, en estos años, lo vienen haciendo para retomar esa unión. Hay, incluso, muchos que se llamaron a sí mismo ateos durante toda su vida y ahora vienen también a buscar esa unión con Dios con una fe que emociona...

—El Arca de la Alianza...

—Así es, el Arca de la Alianza. De la Nueva Alianza. La Santísima Madre es hoy el Arca, que es una mediadora, la Gran Mediadora entre nosotros y Dios. El mundo está viviendo un momento muy especial, muy difícil, donde el choque del hombre contra el hombre es una constante ya hasta en la vida de todos los días.

—Pero, padre, todo eso que es tan evidente, ¿no es una contradicción? Me refiero a las guerras, los asesinatos despiadados que casi parecen un ritual, incluso los fenómenos naturales como los terremotos que parecen más continuados que nunca o enfermedades nuevas y terribles como el SIDA... ¿éste es el final? ¿el principio del fin?

—Esto es una batalla. Millones de hombres han comprendido que no se puede planear nada sin Dios y otros se ven manejados por fuerzas muy grandes que hacen que se opongan a los primeros...

—¿Usted se refiere al demonio?

—A eso me refiero. Una de las peores cosas que le pudo pasar a la fe en su historia ha sido el hecho de que mucha gente habla del maligno como un cuento infantil, como algo que no puede existir. Le dejan, así, el campo libre... El maligno existe, ya lo creo. Y es de temer. Las mismas Escrituras cuentan de una gran batalla final donde justamente la Virgen es quien lo enfrenta con todas sus fuerzas. Estamos en plena batalla y se necesita de cada uno de nosotros para ayudar. A veces el maligno viene disfrazado con piel de cordero y puede hacer mucho más daño aún que si se mostrara con sus actos.

Uno de los mensajes de Nuestra Señora a Gladys, el 27 de diciembre de 1983, dice textualmente:

> *"La humanidad toda está contaminada, no sabe lo que quiere y es la oportunidad del maligno, pero no saldrá airoso; Cristo Jesús ganará la gran batalla, hija mía. No hay que dejarse sorprender, debéis estar alertas".*

El 22 de mayo de 1986 el mensaje que Gladys escucha y escribe es aún más claro:

> *"...El enemigo me está desafiando despiadadamente; está tentando abiertamente a mis hijos. Es un combate entre la luz y las sombras; una persecución a mi querida Iglesia".*

Ya había tenido Gladys varias visiones satánicas que la dejaban en un estado de shock comprobado luego por los médicos que la asistían. En septiembre de 1985 vio una sucesión de animales horripilantes, rojos y negros, que llevaban impresa la palabra "Abaddón". Gladys ni siquiera sabía qué cosa significaba aquella palabra. Figura en el terrible, intrincado y muchas veces simbólico Apocalipsis de San Juan. En el capítulo 9, donde describe los inicios de la Gran Batalla Final entre el Bien y el Mal, dice en un párrafo al referirse a las fuerzas del demonio: *"Tienen sobre ellas como rey al ángel del abismo; el nombre de éste en hebreo es Abaddón, y en lengua griega se llama "Destructor"* (Apocalipsis 9:11). La Virgen la confortará ese día con un nuevo mensaje:

> *"El demonio actúa fuertemente, no os asombréis. Ataca sin compasión, envolviendo todo lo que puede tocar. Orad, que la oración fortalece; sois llamados por Jesucristo para orar".*

El 7 de marzo de 1986 habrá una nueva visión espantosa en la que Gladys cuenta de serpientes gigantescas con grandes ojos que parecen no ver. Otra vez Nuestra Señora acude en su ayuda:

*"El príncipe del mal vierte hoy su veneno con todas las fuerzas, porque ve que está concluyendo su triste reinado. Es poco lo que le queda, su fin está cerca. Amén".*

Aclaremos un par de cosas. Una en lo que hace a mí en lo personal: no me volví loco al escribir todo esto, no sufro un ataque místico al estilo de autoflagelarme ni pretendo embocar justo lo más tenebroso para provocar miedos irrefrenables. En todo lo que ustedes están leyendo desde el comienzo no hay una sola gotita de ficción o de manipuleo. Es información pura, documentada por los mensajes que han sido autorizados a publicarse por las autoridades eclesiásticas y por los textos de las Sagradas Escrituras con los que —si no están de acuerdo— vayan a discutirle a San Juan. Quiero que esto quede bien entendido porque me interesa dejar en claro que soy el mismo tipo de siempre, sólo que mostrando hechos que a mí me estremecen tanto como a ustedes. En cuanto a mi opinión personal, no tengo dudas de la existencia del demonio y rezo mientras escribo estas cosas tal como me lo aconsejó el padre Rafael.

La otra cosa que es imprescindible aclarar es que en estos mensajes de la Virgen del Rosario no pesa tanto la amenaza apocalíptica como puede parecer al que no lee con atención. Pesa, por sobre todo y de manera dulcemente abrumadora, un enorme sentimiento de Esperanza. Los mensajes hablan de ella y también de la victoria. Hay uno, recibido por Gladys el 17 de febrero de 1989, donde es contundente sobre el tema:

*"El enemigo ha sido ya atacado, cerca está su fin y está usando como último recurso la debilidad humana: la soberbia".*

¿Ustedes leen los diarios, escuchan por la radio o la tele a algunos personajes de todo tipo que prefiero no mencionar? ¿Les queda alguna duda de que la soberbia pareciera ser para algunos casi una virtud? En ese mismo mensaje, María continúa:

*"Mas yo lo venceré, ya he comenzado a vencerlo. He aquí que el mundo debe saber que la Madre de Cristo triunfará sobre Satanás, porque junto a ella estarán los humildes de Su Hijo".*

Más clarito no puede ser. Como siempre, es uno el que elige en qué ejército anotarse. Lo ideal es hacerlo por amor y no por temor. En cuanto a los que tal vez piensen que toda esta historia es algo fantástico y hasta infantil, hay dos respuestas más. Una la da la misma Virgen en una de las apariciones iniciales, el 24 de enero de 1984. Allí le dice a Gladys:

*"El Señor está revelando por medio de los Mensajes y las Sagradas Escrituras, lo que espera de los hombres. No le cerréis las puertas, entregaos a Jesús como El se entregó a vosotros. Dad a conocer lo que te doy. EL QUE QUIERA CREER, QUE CREA, Y EL QUE QUIERA OIR, QUE OIGA".*

La otra respuesta está dada en un tramo de la conversación con el doctor Carlos Pellicciotta donde también él (un médico, les recuerdo, un científico) hace referencia a hechos que delatan claramente la presencia y la bronca del maligno ante las conversiones que la Santísima obraba desde el principio. No sin asombro relata un hecho del que fue testigo presencial. Una posesión diabólica en un habitante de San Nicolás, de quien —por razones más que obvias— no daré el nombre, aun a costa de romper por única vez en estas páginas la regla que yo mismo me impuse en cuanto a identificar a todo el que aparezca. Ustedes comprenderán.

—¿De qué manera se aparece aquí el maligno, doctor?

—En distintos hechos que nos tocaron vivir a nosotros. Yo, como médico, me llaman con que en tal lugar había un individuo que levantaba un auto, y era una criatura de 19 años, delgadito y petiso... Cuando llegamos estaba en plena calle y todo el mundo convulsionado. El chico tenía el rostro desencajado y gruñía...

—¿Era un poseído?

—Poseído, sí. Yo estuve allí cuatro horas con el resto de la gente intentando hacer algo... El padre Hernández aferraba un crucifijo con las dos manos y rezaba sin parar. El padre Pérez le tiraba agua común y no pasaba nada... En una de esas se prende de un rastrojero y lo levanta con una sola mano... Había unos hombres allí de un taller mecánico, todos gente fornida, que también querían ayudar. Eramos siete intentando mantenerlo y él nos levantó a los siete juntos... Lo queríamos acostar y no podíamos. Tenía una fuerza descomunal, una fuerza sobrehumana...

—Doctor, desde su punto de vista médico ¿hay alguna explicación para eso, algún tipo de patología, epilepsia, no sé, algo?

—Ninguna. Ninguna en absoluto. Yo le hice... Mire, yo le voy a decir lo que le hice. Le puse Valium, Ampletil, Fenergam, todas drogas que le inyectaba cuando se lograba mantenerlo un par de segundos quieto. Todas drogas muy fuertes, capaces de dormir a un elefante con un coctel como ese... Después vinieron otros médicos... Cuatro horas duró aquello... Con el agua bendita se ponía peor, mostraba los dientes y los ojos se le desorbitaban... Ni los médicos, ni la policía, ni los vecinos, ni los sacerdotes que no tenían nociones de exorcismo en este caso, podían hacer nada... Al final se fue calmando solo, rodeado por todos y con una hermana de él que le hablaba para tranquilizarlo...

Volvamos al padre Pérez, a su silencioso y austero despacho, con la tranquilidad que impone la cercanía con el Santuario donde la imagen que él hiciera reparar y restaurar (¿se acuerdan de "la Manquita"?) recibe a diario el amor y la devoción de cientos de personas que son las mismas que con sus aportes, grandes o pequeños, hacen posible que el edificio siga creciendo.

—Es decir, padre, que la Gran Batalla ya comenzó...

—Pienso que es así.

—¿Y cuándo se supone que terminará?

—No puedo saberlo, pero falta poco. Las conversiones diarias nos dan una pauta bien clara, el renacimiento de la fe en mucha gente también. Falta poco. Y en todo final de una batalla está el nacimiento y el principio de un triunfador... ¿quién cree que será?

—Una vez más la esperanza, padre. Eso significa que el hombre puede cambiar, puede mejorar. El hombre mejora con el amor y con la fe... ¿usted nota que eso va en aumento en la gente?

—Se nota, sí. Se nota.

Ahora venía la parte más difícil del viaje: intentar ver a Gladys, aunque más no fuera unos pocos minutos. En estos nueve años la vidente no había aceptado nunca una entrevista, salvo una charla mantenida con el sacerdote francés René Laurentin que viajó especialmente desde su país para interiorizarse del tema. Me habían

contado de largas vigilias periodísticas que duraron días
de espera en autos estacionados a metros del frente de
la casa de Gladys, sin resultados, sin reportaje, sin que
ella se asomara y siendo protegida por sus propios vecinos. No hubo caso. Nunca nadie de aquí había podido
hablar con ella. Y no era una cuestión de divismo ni
cosa parecida, todo lo contrario. Gladys es, ya lo dije,
una mujer sencilla que quiere seguir siéndolo. Muy lejos
de ella está el aprovechar su más que privilegiada situación para mostrarse frente a una cámara o contar su historia delante de un micrófono o un grabador. Al principio era increíble lo que ocurría: enterados de las
apariciones y de Gladys como receptora de ellas, hubo
gente que se metía en su casa, en su propia cocina, y le
arrancaban mechones de pelo para llevarlos como una
suerte de amuleto, supongo. Este fetichismo de algunos
no solamente era sin dudas doloroso para la pobre
Gladys, a la que amenazaban con dejar calva, sino también peligroso para preservar lo serio y riguroso de la
investigación de la Iglesia. Fue necesario colocar rejas
en el frente, detrás de las cuales hay —desde hace unos
años— un gran buzón en el cual aquellos que quieran
"pedirle algo a la Virgen" lo hacen por escrito y por
intermedio de aquella que es la única que la ve. Por
todo eso ya me había hecho a la idea de irme de San
Nicolás sin poder verla siquiera. De todas maneras
intentaría tocar el timbre en su casa. El padre Pérez no
fue precisamente uno de los que más me alentó. En realidad nadie me alentó, pero el bueno de Pérez, con su
habitual tono calmo pero ferozmente sincero, me dijo
algo así como: *"Yo no tengo ningún inconveniente en que la
vea. La vida de Gladys le pertenece a ella solamente, al igual
que sus decisiones. Si quiere, inténtelo. Pero, ya que me pregunta, le diría que es... prácticamente imposible que lo atienda. No
lo ha hecho con ningún periodista..."*. Sacando pecho con
tanto ánimo que me habían inyectado, me lancé alegre-

mente a la calle, cubriendo la media cuadra que separaba al Santuario de la casa de Gladys, rumbo a lo que sería uno de los más rotundos fracasos de los que tenga memoria en mi vida periodística. Toqué el timbre varias veces pero sin respuesta. Yo miraba a Diego, a mi lado, sin que fuera necesario abundar en palabras para advertir que habíamos perdido. Unos diez minutos así. Ni siquiera se escuchaba que ese timbre sonara en la casa, cada vez que oprimía el botoncito típico del portero eléctrico. Volvimos hacia el auto (ya nos habíamos despedido del padre Pérez) y yo arrastraba los pies con cierta tristeza, no sólo por tener que desechar algo clave sino porque —antes de viajar, cuando en mi casa conté que era muy pero muy difícil lograr aunque más no sea verla a Gladys— mi hija Rocío, todo corazón y fe, me dijo que no me preocupara. *"La vas a ver, acordáte. Porque yo voy a rezar para que la veas."* Pobre mi amor. ¿Cómo le explicaba a mi regreso que, a pesar de sus oraciones, no hubo nada que hacerle? Creo que fue eso lo que me encendió una antorcha en el alma y posiblemente en el trasero también, porque dije —más para mí mismo que para Diego, que también me seguía lánguido—: *"No, así no. Por lo menos quiero tener la certeza de que no me quiere recibir. Si me voy sin siquiera una respuesta, la que sea, soy un fracaso. Que por lo menos sepa que alguien la quiere ver. Si dice que no, está bien, paciencia. Pero irme sin saber qué hubiera pasado, no".*

Vamos a hacerla corta. Nueva entrada a la secretaría del Santuario. Pedí que me permitieran hacer un llamado telefónico. Ni hablar de que les cuente cómo conseguí el número de Gladys, secreto profesional. Marqué. Atendió una voz femenina. Era ella. El resto no lo cuento porque es innecesario y por un cierto pudor. Lo importante es que cinco minutos más tarde estaba otra vez tocando el timbre en la casa de rejas verdes. Esta vez estaba conectado y escuché su zumbido, que me sonó como una sinfonía triunfal. Dos minutos después aparecía Gladys Quiroga de Motta, la inaccesible, la que ve a la Virgen desde hace nueve años. Pensé en que debía agradecerle algo a mi hija Rocío.

## CINCO

# La mujer que habla con la Virgen

**La única entrevista periodística a Gladys. Sus estigmas, los ayunos, cómo ve a la Virgen. La investigación de la Iglesia. Más mensajes. Las curaciones milagrosas.**

—*¿Está solo?*

Esa había sido la condición pedida por Gladys en la charla telefónica y ahora su voz, surgiendo del parlantito del portero eléctrico, buscaba confirmar el cumplimiento de mi promesa. Un minuto después aparecía y nos saludábamos, reja de por medio. A pesar de todo ella miraba detrás de mí, escudriñando las sombras, para estar segura de que no había un fotógrafo escondido por ahí.

—*Gladys… ¿Usted cree que yo puedo hacerle algo así?*
—*No, no. Si creyera eso no hubiera salido a verlo.*

Luego supe que en más de una ocasión habían existido problemas con fotógrafos agazapados que terminaron en escenas casi violentas con vecinos indignados. Era comprensible que tomara sus precauciones.

—*Nunca conocí a nadie que tuviera una Gracia como la suya, Gladys.*
—*Sí, es eso, una Gracia. No sé si la merezco.*

—Alguien sabe que sí, sin dudas... Después de verla tantas veces, de hablar con Ella, usted debe sentir a la Virgen casi... casi como una amiga, con todo respeto...

—Yo creo que todos debemos sentirla como una amiga, pero no me haga hablar. Solamente íbamos a saludarnos...

—Quisiera que entienda que lo suyo puede ayudar a mucha gente, puede ayudar a la fe, con todo lo bueno que tiene eso...

—Sí, sí, pero usted ya conoce la historia. Yo no importo en todo esto, lo único importante es la Virgen...

—¿Cómo es la Virgen? ¿Cómo la ve usted, digo? ¿Es como la imagen que está en el Santuario?

—Sí, muy parecida. Pero mucho más linda. Tiene mucha luz alrededor.

—¿La ve con el Niño o está sola?

—Viene con el Niño, lo lleva en brazos. Tiene un rosario en la mano y el Niño también toca el rosario...

—En los mensajes, ¿usted escucha como una voz interior?

—No. Yo la escucho a la Madre, muy clarito.

—Pero ¿de la misma manera en que ahora me escucha a mí?

—De la misma manera. Cuando aparece escucho su voz, que es muy dulce y cariñosa... Pero, usted me está haciendo hablar demasiado...

—Sólo un poquito, Gladys. Todos necesitamos saber que pueden pasar cosas como ésta que a usted le pasa. Hace bien. Mucha gente necesita que se le den esperanzas. Lo que usted vive, ayuda. ¿Al principio sintió miedo o algo así?

—No, nunca.

—¿Cómo se da cuenta de que Ella va a aparecer?

—Siento como un cosquilleo, hay algo que no sé como explicar que me avisa... No sé qué es, pero es siempre igual.

—¿Usted la mira de frente?

—Yo cierro los ojos y ahí la veo bien clara.

—Usted conversa con ella...

—Sí, le pregunto qué quiere que yo haga.

—¿*Le pide, a veces, algo para alguien?*
—*A veces. Sí.*
—¿*Le pidió alguna vez por el país?*
—*Muchas veces.*
—¿*Y las esperanzas son buenas?*
—*Sí, sí. Son buenas, son muy buenas.*
—¿*Qué pide la Virgen de nosotros?*
—*Que estemos unidos... Que oremos... Que busquemos la paz y el amor...*
—*A usted alguna vez le pidió ayuno...*
—*Yo hago ayuno, sí. Muchas veces. En la Cuaresma estoy cuarenta días tomando agua y comiendo un poquito de pan, nada más.*
—¿*Y no se siente mal, no se enferma?*
—*No. No siento hambre para nada.*

(El doctor Pellicciotta confirmaría lo de esos cuarenta días de ayuno con un agregado que ella no contó: después de ese tiempo tan sólo adelgaza unos 700 gramos. Desde el punto de vista estrictamente médico esto puede tener una explicación racional: durante un ayuno de tanto tiempo el páncreas no produce de manera normal y baja el nivel de insulina, lo que sube el azúcar en la sangre por lo que la persona no adelgaza. Lo que no tiene una explicación tan sencilla y racional es que, en el caso de Gladys, ella sigue preparando la comida para su familia sin sentir el menor apetito. Está como "desenchufada" de su cuerpo y de su propio metabolismo. Su ayuno —que desde la óptica mística de muchas religiones se trata de una purificación y jamás de un castigo— se transforma en algo natural. Supongo que prevalece en ella un estado de espiritualidad que es enormemente superior al material. En las religiones orientales —muy especialmente entre los lamas— los fieles con mayor desarrollo y manejo de su misticismo llegan a situaciones simi-

lares de manera relativamente habitual, pero en los
occidentales la cosa no es soplar y hacer botellas. Hay
órdenes religiosas católicas para las cuales el ayuno es
algo común. Los Trapenses se han alimentado siempre
de sopas de legumbres —sin mantecas, aceites o grasas
de ningún tipo—, frutas y unos 350 gramos de pan al
día sin probar jamás carne, pescado, manteca, queso o
huevos aunque se les permitiera ocasionalmente beber
un poco de leche de cuando en cuando. O los Cartu-
jos, con un régimen casi idéntico pero en el que se les
autoriza huevos, manteca y leche. Curiosamente, estos
hombres han gozado de una salud envidiable, muriendo muchos de ellos a una edad avanzada y muy robus-
tos. Pero son casos especiales.)

—*¿Y los estigmas? ¿Cuándo le aparecen?*
—*En Semana Santa...*
—*¿Cómo son?*
—*Son unas llagas que aparecen en las muñecas, como las
marcas de los clavos de Nuestro Señor...*

(Se hace necesario aquí aclarar que a Jesús no le
fueron clavadas nunca las palmas de las manos como
suele verse en la mayoría de las imágenes. Estudios reali-
zados sobre el Santo Sudario por los médicos franceses
Le Bec y Pierre Barbet establecieron —ya en la década
del 30— que los clavos fueron introducidos en las
muñecas de Nuestro Señor. Desde un punto de vista
anatómico, por otra parte, es casi imposible que un
cuerpo sostenga su propio peso con clavos en las manos
ya que éstas se desgarrarían de inmediato.)

—*Y los pulgares se le contraen ¿no es cierto?*
—*Sí, se meten para adentro, hacia la palma de las
manos...*

(Es exactamente lo ocurrido en cualquier caso de crucifixión. Al penetrar el clavo en la muñeca se produce un reflejo por el cual el dedo pulgar se cierra. Resulta doloroso hasta escribirlo, pero el punto atravesado por el clavo corta el llamado nervio mediano produciendo un sufrimiento para el cual sería difícil encontrar palabras.)

—*¿No le duele, Gladys?*

—*Sí, me duele. No es como el dolor de Nuestro Señor, pero me duele.*

—*¿Le dan medicinas de algún tipo?*

—*Al principio. Después no porque no había ninguna medicina que sirviera. Solamente hay que esperar.*

—*¿Esperar?*

—*Sí. Yo me quedo quieta y espero. Rezo mucho y me quedo quieta.*

(El doctor Carlos Pellicciotta, quien desde siempre es el facultativo que más cerca estuvo de Gladys de Motta, nos contó que los estigmas de las muñecas aparecen el miércoles de Semana Santa. El jueves las llagas se hacen más notorias. El viernes sangran y es el peor día. El sábado dejan de sangrar y el domingo (día de Pascua) desaparecen por completo sin dejar rastros. También él confirmó que no hay medicación posible.)

—*Tengo entendido que, junto con los estigmas, ocurre que se le encima un pie sobre el otro, como en la crucifixión de Jesús...*

—*Sí, es así.*

—*¿Y no los puede separar?*

—*No, no puedo. Quedan así durante unas siete horas. Yo me quedo quieta y espero, como le dije.*

(En esas circunstancias Gladys es asistida por varios

facultativos. El doctor Pellicciotta relata que en más de una ocasión han intentado separarle los pies encimados —que, en este caso, no presentan señales de clavo ni herida de ningún tipo— pero sin resultado. No lo lograron ni aún intentándolo entre varios y, lo más asombroso, es que queda documentado que los músculos de las piernas de Gladys se encuentran en un estado de absoluta flacidez, lo que significa que ella no realiza el menor esfuerzo para estar como está. La fuerza que mantiene a sus pies de esa manera es infinitamente superior a la muscular y mucho más inescrutable y misteriosa. También lo es que este hecho se produzca poco después de las tres de la tarde del Viernes Santo, día y hora de la muerte de Cristo.)

—*Gracias por todo, Gladys. ¿La puedo despedir con un beso?*
—*Sí, claro.*

Hasta ese momento habíamos estado hablando cerca, pero con la reja verde de por medio. Ahora abría la puerta, nos besábamos en las mejillas, yo le tomaba ambas manos con afecto, ella sonreía chiquito y se mostraba un poco turbada tal vez por haber roto por unos minutos su norma de silencio de los últimos nueve años. Mide 1,58 y pesa algo más de 60 kilos. Viste con humilde elegancia, sobriamente. Tiene el mismo aspecto de millones de mujeres que vemos a diario, nada hay que la señale especialmente a simple vista. Pero su vida no es igual a la de ninguna otra persona desde el 25 de septiembre de 1983.

—*No deje de pedirle por la gente, Gladys.*
—*Siempre lo hago.*
—*No sé si hace falta decirle "que Dios la bendiga"…*
—*También a usted. Que Dios lo bendiga.*

## ¿QUE SE HACE ANTE ALGO TAN ASOMBROSO?

Una cosa es la fe y otra la razón. La razón, en un caso como éste, se niega en un primer momento a aceptar algo que parece desafiarla. Allí se comienza, entonces, a investigar. Es exactamente lo que se hizo. El doctor Carlos Pellicciotta nos mostró a Diego y a mí, en su consultorio, unas fotos extraordinarias en las que se ven en primer plano las muñecas de Gladys con las marcas de los estigmas. También se advierten los pulgares cerrados hacia las palmas. Daba frío. No figuraría aquí ese episodio si las fotos las hubiera mostrado un señor cualquiera o alguien con ansias de figuración. Pellicciotta es un médico de prestigio y no tiene el menor interés de hacerse publicidad con esto. Es un hombre de fe, sin dudas, pero también un hombre de ciencia.

• Cuando el caso de Gladys fue elevado con todos sus antecedentes al Obispado, se dispuso que fuera estudiado cuidadosamente. Estos estudios incluyeron análisis profesionales de médicos capitalinos de distintas especialidades, con el obvio consentimiento voluntario de la singular paciente. La salud psicológica de Gladys quedó absolutamente establecida y documentada, entre otras cosas. Las pruebas a las que se prestó demostraron, también, una total sinceridad en sus dichos. Incluso se solicitaron los servicios de una experta en grafología al más alto nivel que fue convocada por la Comisión Especial que investigó el hecho. Transcribo de manera textual algunas de las conclusiones de la profesional:

—La persona demuestra una notable inteligencia no cultivada, una inteligencia natural, sin intelectualismos.

—Tiene una gran lucidez al igual que orden y precisión en sus ideas, pudiendo controlar sus sentimientos e instintos.

—En lo afectivo, sus características principales son la ingenuidad, la sinceridad, la franqueza y la lealtad. Es modesta y con un alto grado de humildad espiritual. Tiene gustos sencillos y un carácter generoso, pródigo y expansivo.

—En ella domina la calma. No se deja llevar por impulsos, los que controla sin perder una gran calidez afectiva. En la intimidad es alegre y expansiva, pero puede guardar celosamente un secreto.

—No tiene una gran iniciativa personal debido a su sentido del deber y a su capacidad de sacrificio, que implican un ocultamiento de su propio yo.

—Será siempre inflexible en sus convicciones éticas y morales.

—Esta personalidad parece dotada de una profunda bondad y limpidez, así como de un sensible espíritu y sentido de justicia.

—Goza de una salud mental, afectiva y sexual que la mayoría no puede alcanzar.

• El padre René Laurentin, durante su propia investigación llevada a cabo en San Nicolás, llevó a su Francia natal uno de los escritos de Gladys. Allí los presenta a un notable grafólogo de su país, el señor J.A. Muenier, sin enterarlo de los resultados de su colega argentina ni de ningún dato de la personalidad de Gladys. En su bello libro *María del Rosario de San Nicolás* (Ed. Paulinas) el sacerdote reproduce los conceptos de su compatriota grafólogo. Seleccioné sólo algunos, muy significativos:

—...La que escribe se ha hecho una coraza para proteger su sensibilidad que es muy vulnerable, cambiando fuerzas negativas por positivas.

—Carácter de firmeza espartana, muy exigente consigo misma, pudiendo llegar a ser inexorable, capaz de demostrar un coraje excepcional en circunstancias críticas.

—Personalidad que todo lo recibe del interior, de

sus percepciones o relaciones privadas, más bien secretas, sobre las cuales no le gusta hablar de cualquier manera ya que se encuentra a mil leguas de toda "histeria" o exhibicionismo. La "comedia humana", el "ruido social", la simulación y la búsqueda de causar efecto no le interesan para nada... Le disgusta profundamente la grandilocuencia. Es discreta y reservada; a pesar de su extensa sensibilidad es muy seria y de una gran dignidad y sinceridad...

*El padre Laurentin recalca que el señor Muenier, el experto grafólogo francés que vive en París, a muchos miles de kilómetros de San Nicolás de los Arroyos, redactó este informe sobre Gladys sin saber nada de ella ni de su caso. El encabezado de ese informe, incluso, dice que se trata del análisis hecho sobre una carta en español por un escritor de edad desconocida.*

• Los psiquiatras y psicólogos a los que se encargó el exámen de Gladys fueron profesionales de la Universidad del Salvador y se trasladaron en varias ocasiones a San Nicolás para cumplir su cometido. Los escritos de la señora de Motta, aun antes de ser llamados como hoy "mensajes", fueron estudiados por grupos de teológos y especialistas. Todos hicieron llegar sus conclusiones por separado, sin que existieran objeciones en ningún caso.

• Los estigmas de Gladys fueron comprobados por muchos testigos, entre ellos varios médicos. No es ésta una manifestación muy común en la historia del mundo. Desde un punto de vista histórico se admite que la primera persona que recibió las marcas de las heridas de Cristo en su propio cuerpo fue San Francisco de Asís, en el año 1224. El doctor Henri Bon, en su libro *La medicina católica,* analiza el tema sin poder darle una explicación científica (igual que ahora) detallando la cantidad de personas con auténticos estigmas comprobados a lo largo de cada siglo:

Alrededor de 30 en el siglo XIII.

En el siglo XIV, 23 estigmatizados.

En el siglo XV, 24.

En el XVI, aproximadamente 60.

En el XVII, 120.

En el XVIII, unos 30.

En el XIX, alrededor de 40.

No da datos sobre el siglo XX ya que su libro es de fines de la década del 30. En todos los casos se trata de santos, beatos, bienaventurados o personas muy piadosas. Si tomamos al pie de la letra la investigación del doctor Henri Bon, contamos unos 327 casos en *siete siglos*. Nada más. Esto da una idea del impresionante fenómeno que significa una persona que reciba los estigmas.

Una vez más reitero que mi trabajo es meramente de investigación periodística. Recojo información, dando siempre sus fuentes, para mostrársela luego a ustedes lo más pulcramente posible, pero no me pidan que lo haga despojado por completo de un apasionamiento que trato de frenar en cada línea. No es tarea fácil cuando uno recibió de primera mano todos estos datos. Quede en claro que Gladys no es, ni pretende ser, una persona con poderes especiales. Es la receptora de los mensajes sin saber siquiera ella por qué fue elegida para eso. Lo importante es Quien deja esos mensajes —la Virgen— y su contenido.

Habla del Amor:

*"Vino Jesús al mundo por Amor y su Segunda Venida será también por Amor, para Gloria Suya. Abrid vuestros corazones y dejadlo entrar"* (25 de diciembre 1988).

Habla del Sentimiento:

*"Aquel que maldice, que odia, sólo está envenenando su corazón. Que nadie maldiga, nadie odie, que no haya en vuestros pensamientos pensamiento malo. Perdonad como el Señor perdona, amad como el Señor os ama, buscad la perfección en El"* (3 de abril 1985).

Habla de los más chiquitos:

*"Ora, hija mía, por todos los niños del universo. Por aquellos a los que les falta el pan, por los que están privados de amor y, sobre todo, de la Palabra de Dios. El que es compasivo con un niño es compasivo con Dios. El que da amor a un niño, da amor a Dios. El que hace conocer la Palabra de Dios a un niño es verdaderamente hijo de Dios"* (7 de agosto 1988).

Habla de la humildad:

*"Os pido humildad porque el Señor quiere a los humildes y rechaza a los soberbios. No os resistáis a ser humildes, seguid el ejemplo de Cristo Jesús. El se burla de los insolentes y concede su favor a los humildes"* (25 de enero 1990).

Habla de todos, sin distinción alguna:

*"Vosotros os preguntaréis: ¿Puede el Señor perdonar a los que se olvidan de su existencia? Yo os digo: sí, hijos míos, el Señor puede por su gran misericordia. Mas no abuséis de la bondad de Dios y abrazaos con fuerza a mi manto que realmente os limpiará y os presentará puros ante el Señor"* (28 de febrero 1986).

*"Dios omnipotente salvará tanto al que reconoce quién es el Señor, como al descreído. Bendito sea su poder"* (16 de septiembre 1986).

En los mensajes marianos de San Nicolás no hay amenazas ni miedos apocalípticos. Hay, apenas, una tierna advertencia maternal y, por sobre todo, un enorme contenido de esperanza y del deseo de Dios de renovar la Alianza con su pueblo. Yo no tengo ni la menor autoridad para respaldar un fenómeno semejante, pero me moviliza el alma sentir que todo esto es bien posible. ¿A ustedes no? Me gusta creer, así de simple. En especial cuando el mensaje es de un Amor tan total, tan coherente, tan bueno. Creer en algo así no puede dañar a nadie. No creer es perderse algo grande, es una pena.

Hay un punto en la historia que deseo tratar con el mismo cuidado que pondría si camino llevando un kilo de nitroglicerina en las manos rodeado de mis seres más queridos. Porque está siendo analizado en los más altos niveles teológicos y una imprudencia sería fatal. Es el punto que sigue, que será contado con la asepsia de un quirófano.

## LAS CURACIONES

Existe en San Nicolás el llamado Libro de Testimonios. En él figuran una considerable cantidad de casos contados por sus protagonistas en los cuales se deja constancia de curaciones que no tienen explicación desde el punto de vista científico. Curaciones que se atribuyen al pedido que se le hiciera a la Virgen en cada ocasión. Todos los casos son estudiados al milímetro en el más alto nivel eclesiástico, con una prudencia difícil de medir ya que —de confirmarse uno solo de ellos sin el menor vestigio de duda, lo cual lleva muchos años— se estaría frente a algo que sólo se define con una palabra: milagro.

El diccionario define el concepto como "acto del poder divino, superior al orden natural y a las fuerzas humanas" y se origina en el vocablo latino "miraculum" que significa "admirar". Aunque, ante un hecho determinado, todo parezca indicar que se está frente a un milagro, las autoridades de la Iglesia ponen en marcha un mecanismo lento y meticuloso antes de aceptar el uso de la palabra. Más que nunca es imprescindible la prudencia que siempre identificó en sus actos a la jerarquía católica. No pueden existir apresuramientos.

En San Nicolás, a través de la invocación a la Virgen del Rosario, hay varios casos de curaciones extraordinarias, como digo. Voy a contar aquí sólo uno de ellos. Por ser el primero, por lo extraordinario, por contar con la mayor documentación y porque si enumerara la larga lista existente y me equivocara en uno solito me sentiría muy mal. El que sigue basta, ya lo verán.

Gonzalo nació el 14 de enero de 1977. Es hijo de Raúl Miguel y de María del Valle Godoy. La familia —que incluye a seis hermanos de Gonzalo— es de Pergamino, en la provincia de Buenos Aires, a unos 70 kilómetros de San Nicolás de los Arroyos. En octubre de 1984, cuando tenía siete años de edad, cayó fulminado por una enfermedad temible. La tomografía computada que se le practicó el día 25 de ese mes y año mostró claramente un tumor cerebral en el lóbulo izquierdo. Gonzalo ya había perdido el habla, permanecía en estado de somnolencia y no podía mover la parte derecha de su cuerpo. El mal avanzaba, además, con una rapidez cruel y definitiva. Cada hora que pasaba Gonzalo se iba agravando. El 29 de octubre su mamá, desesperada, como es de imaginar, sabía que no había forma humana de salvar a Gonzalo. Tal vez una operación, pero sin garantías de que sobreviviera a ella y —aunque lo hiciera— con la casi certeza de una vida prácticamente vegetativa. Los padres del chiquito —que ya sólo permanecía en la cama, con el cuerpo helado y paralizado, sin poder hablar— pidieron que se le diera la Primera Comunión (que aún no había tomado) y la extremaunción. El día 30 de octubre, por la mañana, llegó a Pergamino el enviado especial del obispo monseñor Domingo Castagna. Se trataba del propio canciller del prelado, el padre Ariel Busso, actualmente en la Capital Federal. Era como una despedida religiosa a Gonzalo. La tomografía realizada en el Hospital Español de Rosario, adonde había sido trasladado días atrás, no albergaba esperanzas: "tumor cerebral en el lóbulo frontal izquierdo, del tamaño de un huevo". Ya otra vez en Pergamino llega el momento de la entrega, de la resignación desesperada. María del Valle Godoy, la mamá del chiquito, no sabía nada sobre aquellas primeras apariciones de la Virgen en la vecina ciudad de San Nicolás. Es su madre, la abuela del enfermito, la que se comunica con el padre Pérez, mi querido boxeador de la fe, quien también era nacido en Pergamino.

En ese momento se desenvaina la más poderosa de las armas: la oración. Comienza a rezarse en grupos pidiendo por Gonzalo mientras el tiempo, que no entiende de esas cosas, seguía destruyéndolo. Todo en días, en muy pocos días, apenas cinco desde la tomografía feroz e inapelable. El padre Busso está ahora junto a Gonzalo. Le habla lentamente, contándole que va a recibir al Señor con esa primera comunión. Fue necesario cortar la hostia para poder darle apenas un pedacito ya que Gonzalo no tenía movilidad en su boca ni siquiera para poder recibirla entera. Eran las diez y media de la mañana del martes 30 de octubre de 1984 cuando esto ocurre y cuando el padre Busso pide humildemente la protección de la Virgen del Rosario de San Nicolás.

Lo que sigue es una transcripción textual de lo relatado por la propia madre de Gonzalo al diario *El Norte* de San Nicolás, ejemplar del día 25 de septiembre de 1985:

*"Con mucho esfuerzo, mi hijo apenas pudo murmurar el
Padre Nuestro... Sólo pudo recibir un pedacito de hostia...
Media hora después empezaba a gestarse el milagro. Comenzó
la mejoría. La mejilla derecha, que minutos antes estaba pálida y sin vida, se puso rosada. Adquirió aquel aspecto que habíamos olvidado. Era un primer signo de vida. Más adelante llegó un cosquilleo en el cuerpo y enseguida se movió. Gonzalo
pidió algunos juguetes que estaban sobre la mesa de luz. Al
mediodía pasó el médico. Luego de una prolija revisación me
dijo: No la quiero ilusionar, pero de acuerdo a este estado probablemente no haya operación... Me volvieron a la mente los
detalles de la conversación que había mantenido con el médico.
Me había dicho que en una operación: No sabemos cuánto
podremos sacar o qué es lo que podemos tocar. Directamente me
expresó que existía la posibilidad de una parálisis parcial definitiva o de una vida poco menos que vegetativa. ¿Y si no lo
operamos?, le pregunté. Su hijo se muere, señora..."*

Y ahora, de pronto, en apenas unos minutos inolvi-
dables para todos los que vivieron aquello, el chiquito
pedía algunos juguetes de la mesa de luz. Y una hora y
media después el mismo médico hablaba de que tal vez
no fuera necesaria una operación. El hombre no entendía lo que estaba ocurriendo. Curiosamente se trataba
de un médico de religión judía, por lo cual se le hacía
aún más difícil aceptar la idea de algo sobrenatural que
llegaba de la Virgen, como intentaban contarle. Su condición profesional —se trataba de un especialista con
bien ganado prestigio— y sus creencias religiosas no
encajaban en ese rompecabezas. Su confusión no debe
haber sido poca.

María del Valle Godoy de Miguel seguía su relato en
*El Norte.*

*"Siguió un tratamiento con corticoides y llegó el momento
de la segunda tomografía. El tumor se había reducido en un
70 por ciento. Todavía recuerdo lo que decía el diagnóstico: El
área se halla francamente disminuida en un 70 por ciento y*

*ya no existe efecto sobre masa motor y del habla... El viernes 9
de noviembre Gonzalo empieza a caminar por sus propios
medios y lo dan de alta. El lunes 19 es la tercera tomografía.
Una pequeña cicatriz indicaba que el tumor había desaparecido.*"

Desde la primera tomografía, donde se certificaba
un tumor cerebral "del tamaño de un huevo", hasta la
última, donde nada quedaba ya de aquello, habían pasado 25 misteriosos días. Es una coincidencia menor, claro, pero precisamente el 25 es el día de cada mes dedicado a la Virgen del Rosario de San Nicolás. Una
coincidencia menor.

Hoy Gonzalo tiene 15 años, una estatura como para
asustar, un estado físico impecable, practica mucho
deporte y sigue estudiando en su ciudad natal, Pergamino. El 2 de junio de 1985 el diario *La Nación*, de inobjetable seriedad informativa, relató el hecho a poco más
de siete meses de haber ocurrido. Pero seguramente
todos estábamos más preocupados por cosas de mayor
importancia que aparecían en los medios, como los ava-
tares políticos, algún homicidio espectacular, el Plan
Austral, tal vez un molesto dolor de muelas del presidente de Estados Unidos o las correrías de alguna pare-
jita del mundo del espectáculo que descubría su roman-
ce con unas imágenes sacadas en el concurrido New
York City donde aparecían haciendo gestos de no querer fotos, pero sonriendo.

El periodista del diario *El Norte* le había preguntado
a María del Valle Godoy de Miguel si estaba convencida
de que Gonzalo había sido beneficiado por un milagro,
agregando si a ella le gustaba que se llame "milagro" a
aquel suceso. Ella respondió:

*"En nuestra familia estamos todos convencidos de que se
trató de un milagro. Mi hijo se moría. Yo fui testigo de la asom-*

*brosa transformación... Yo le aconsejo a todos los que tengan problemas que le recen a la Virgen del Rosario... "*

Todo lo que ustedes acaban de leer responde exactamente a los hechos sucedidos, sin que siquiera se haya cambiado un solo nombre de sus protagonistas o los lugares donde ocurrió.

Ahí se los dejo. Que se diviertan.

# La voz de la Iglesia

*Qué dice el obispo de San Nicolás. Su investigación a fondo. ¿Por qué ocurre en la Argentina? Los escépticos, los "malos curas", las sectas. ¿El mensaje es exclusivo para los católicos? ¿Qué piensan otros obispos? ¿Qué opina el Vaticano sobre todo esto?*

Su primer nombre es Domingo, el del día dedicado al Señor. El segundo nombre es Salvador, que me exime de cualquier análisis. Por supuesto nadie podía imaginar su destino cuando fue bautizado, pero —aunque no sea más que una coincidencia feliz— ¿qué otra cosa que cura podía ser Domingo Salvador Castagna? Venía signado.

Es, desde 1984, el obispo de San Nicolás de los Arroyos. Ahora estamos en su despacho y después de unos noventa minutos de charla no tendré ninguna duda en afirmar que pocas veces en mi vida me topé con un hombre de su inteligencia y carisma. Las jerarquías en la Iglesia Católica no se consiguen por escalafón, simple antigüedad o suerte. Y este hombre que mantiene durante toda la conversación esa sonrisa giocondina que es todo un estallido de tolerancia y amor al prójimo va a ser cardenal algún día, estoy seguro. Tiene 61 años, es de estatura mediana, rostro franco y un alma que coloca sobre la mesa pero dando toda la sensación de que —si uno intentara darle un martillazo repentino— la quitaría velozmente para que no se la hieran. Sobre sus espaldas recae mantener el mayor peso de todo lo que viene ocurriendo en la ciudad, como su máxima autoridad eclesiástica. Debe sentirse caminando por el afilado borde de un bisturí, pero no abandona el gesto sereno y también seguro. Entre otras muchas cosas fue profesor de teología en la Universidad Católica Argentina y en la de El Salvador. En 1990 representó al Episcopado nacional en el Sínodo de Obispos llevado a cabo en Roma. Tiene una voz cálida que hace que uno lo sienta como a un familiar querido y una prudencia delicada que hace que uno recuerde que es un vicario de Cristo. Mi amigo Rafael Hernández (su secretario privado, canciller, chofer, amigo) nos deja solos para que yo pueda grabar nada menos que la voz de la Iglesia en el maravilloso caso de San Nicolás.

Monseñor doctor Lucio Gera, profesor titular de teología de la UCA, escribió alguna vez sobre los hechos y sobre el obispo Castagna. Lo hizo con una claridad espléndida, sin vueltas. Contó que, al asumir el prelado su función en la Diócesis de San Nicolás se había cumplido ya un año de la primera de las apariciones marianas y el movimiento devocional de la gente ya estaba en marcha. Relata que muchos factores se entremezclaban y aún lo siguen haciendo: las comunicaciones consideradas mensajes de la Virgen; la llegada de peregrinos; la formación de grupos de oración; los propósitos de reforma de vida y también los rumores de fenómenos extraordinarios no siempre verificados o sometidos a certero juicio de valor; intentos de usar los sucesos con fines publicitarios o comerciales y otros de aprovechar semejante movimiento religioso para sus intereses particulares. Monseñor Gera se preguntaba qué le queda por hacer a un obispo que recién asume y se encuentra con un panorama como ése. Dice:

*"Monseñor Castagna podía haberlo prohibido todo. Pero esta actitud le estaba prohibida a él por la parábola evangélica*

*que prescribe no arrancar la cizaña cuando con ello se arriesga, también, erradicar al trigo. Hubiera sido una actitud ineficaz e imprudente...*

*Podía haber reconocido todo, otorgando a esas manifestaciones un certificado indiscriminado de autenticidad cristiana, bendiciéndolas con superficial complacencia. Pero esta actitud le estaba también vedada por el Espíritu Santo, que lo puso allí como pastor, guardián de las ovejas, para alertarlas ante cualquier desfiguración de la fe cristiana...*

*Sólo le cabía comenzar tratando de formarse un juicio sobre los acontecimientos, es decir DISCERNIRLOS, buscando separar lo auténtico de lo que no lo es. Le cabía, además, ESPERAR que lo que se mostraba aún confuso llegara a manifestar con el tiempo su propia verdad o falsedad. Y finalmente ACOMPAÑAR a la gente sin precipitarse...".*

—Menuda tarea la suya, monseñor...

—El padre Gera compara al pueblo con el río, que viene vertiginoso y que lo que necesita es cauce. El obispo es como el cauce, que no niega al río ni a su vertiginosidad sino que lo encauza... La fe está allí, empujada por la gente. La obligación del obispo es acompañarlos y hacer que esa fe no se desvirtúe, que sea claramente auténtica.

—¿Puede decirse que eso ya se logró?

—Sí, sin dudas. En todos estos años todo se ha ido depurando cada vez más y los que llegan ahora lo hacen para honrar a la Virgen en esa imagen que fue bendecida por el papa León XIII hace muchos años y que, curiosamente, había permanecido abandonada en el campanario, entre alfombras viejas. La gran movilizadora es la Virgen. Eso importa.

—¿Cómo se comprueba la autenticidad de los mensajes?

—Desde el principio comenzaron a formarse grupos de oración donde se rezaba el rosario y leían mensajes que la señora Gladys transmitía como de la Virgen. Lo único que hicimos nosotros fue comprobar que los mensajes estaban de acuerdo con la fe cristiana ¿no? Es decir que no había ninguna deformación de la fe ni nada que pudiera contaminar la pureza de esa fe que ya es tradicional en la Iglesia... Pero siempre advirtiendo que no había obligación de creer en los mensajes... Son una cuestión de fe pero no son dogma.

—Usted hizo analizar esos mensajes, ¿no es cierto?

—Sí, claro. Entre otros el mismo padre Gera fue encargado de eso. Y recuerdo que me dijo "hay una catequesis... una catequesis clara, sencilla, donde no se confunden las verdades fundamentales". Fíjese, yo creo que eso es muy importante.

—Ya lo creo. Hay muchos que conscientemente no saben dar un mensaje claro y, en este caso, la señora Gladys lo hace...

—Además en la Iglesia se ha dado tantas veces este tipo de hechos así, incluso con comprobada autenticidad como en Lourdes, Fátima...

—A propósito: en muchas de esas apariciones o mensajes, especialmente en este siglo, pareciera notarse un cierto tono apocalíptico, de miedo por lo que puede ocurrir en el mundo. En la nuestra... permítame que le diga "la nuestra"...

—Claro, claro, si es así...

—En la nuestra el mensaje final es enormemente esperanzado. En los otros toda la sensación que le queda a uno leyendo esos mensajes es, con todo respeto, algo así como que la Virgen nos está diciendo: "Hagan algo, oren, mejoren como personas, porque Yo lo estoy conteniendo como puedo al Padre, pero si siguen así ya no voy a poder calmarlo más y les va a mandar los peores castigos...". En cambio, con la Virgen del Rosario de San Nicolás, con la nuestra, hay una gran carga de amor y de esperanza...

—Sí, sí, sí... Incluso es como si mostrara más el aspecto tierno y materno de la Virgen ¿no? Siempre a través de un llamado a la oración y la penitencia pero abriendo el corazón a la esperanza de la misericordia de Dios. Dejando en claro que Dios ama a los hombres, que Dios es Padre ¿no es cierto?... Eso me admira también a mí y le doy gracias a Dios de que sea así porque hubiera sido mucho más difícil discernir sobre un mensaje apocalíptico. La gente le tiene un poco de desconfianza a lo apocalíptico...

—Y miedo.

—Y miedo, sí... Siempre se prefiere ser llamado a la misericordia antes que al temor, digamos, ésa es una realidad. Aunque, a veces, algunos temores son saludables, en este caso todo se mueve mucho más por el amor. Es una característica de nuestro mundo. Decía Santa Teresita del Niño Jesús que si hubiera sido por el temor al castigo no hubieran hecho nada con ella, en cambio por el amor lo conseguían todo. Yo creo que eso es muy positivo y por eso la Iglesia misma tiene que desarrollar esa idea de Dios, la de un tierno Padre de los hombres tal como lo es. Si no, nos confundimos. Esa idea del dios terrible, castigador, yo no digo que esté mal pero es un aspecto que han ido descubriendo los hombres. Después fue evolucionando la revelación de Dios hasta Cristo, y Cristo nos muestra un Dios Padre...

—Monseñor: en más de un mensaje de los que Gladys cuenta, la Virgen habla específicamente de nuestro país, de nuestro pueblo... ¿Por qué Argentina? ¿Por qué esa elección?

—Es muy difícil saberlo. La debe tener la Virgen esa explicación y hasta ahora parece que no la reveló... Yo creo que la Argentina, a partir de una cosa así, no es simplemente una beneficiada: tiene una misión con respecto a otros pueblos. Uno se puede preguntar lo mismo en lo que hace a la elección de Israel: ¿por qué el pueblo de Israel, si era un pueblo más entre los otros y, a veces, no el mejor de todos? ¿Por qué ese pueblo, entonces? Y... lo elige para que sea profeta de Dios entre los demás pueblos ¿no? O elegir a Pablo, o a los apóstoles... ¿Por qué a este hombre y no a otro? Y bueno, porque son elegidos no sólo para hacerlos buenos a ellos sino para transmitir un mensaje de salud a los demás. Y a veces brilla más ese mensaje en aquel que parecía menos importante, por eso Dios suele elegir a los más pequeños... Desde la pobreza misma, el Señor parece tener cierta predilección por los que la sufren...

—¿Es posible que también tenga alguna influencia el hecho de que la Argentina sea un país tan devotamente mariano?

—Podría ser. Toda América latina es muy mariana y, dentro de ella, la Argentina se destaca especialmente por esa devoción. Lo que estamos viviendo es nuevecito, pero fíjese que tenemos los casos de Luján, Itatí, la Virgen del Valle, tantos... Podría ser.

—Monseñor: ¿qué se puede hacer con los escépticos?

—Mire: a usted le va a pasar muchas veces en su vida y seguro que ya le está pasando... Uno transmite. Está en la libertad del otro aceptar o no aceptar la cosa, ¿no? O la honestidad para convencerse o la humildad para decir "bueno, aunque yo no lo entienda, puede ser"... Siempre va a haber escépticos, me parece.

—Pero, ¿no ocurre que un racionalismo fanático es hasta una antigüedad? Es algo de mediados del siglo pasado...

—Uno advierte que la fe es un don de Dios y que uno no sabe cómo definirla. Es como definir la vida, es algo que se experimenta. Y uno se da cuenta que también está implicada la libertad humana, porque Dios siempre respeta la libertad del hombre si finalmente fue El quien lo dotó de libertad. Al hombre Dios le da el don de la fe pero la opción de rechazarla, si así quiere hacerlo... Pero, en el fondo, la fe es un acto de amor...

—Usted tiene la templanza de su jerarquía y su disciplina. A mí me pasa, a veces, que quisiera sacudir al que no cree diciéndole que no puede ser que se pierda eso... Ya sé que no es la forma. Pero es sólo un impulso. Por amor a ellos...

—Sí, claro, pero no es el camino. Además no lo logra uno, ¿no? Ya la vida le va a dar a cada uno un sacudoncito para moverle el piso de su racionalismo. Finalmente es muy frágil el racionalismo. La fe es fuerte, pero el racionalismo es fragilísimo... Vivir sin creer es un absurdo desde su base. La fe le da al hombre la idea clara de su propia trascendencia, del hecho de que va a trascender. Si no la vida misma sería un absurdo y aun los racionalistas rechazan el absurdo...

Sin el sentido de una vida eterna uno viviría angustiado con motivos, se preguntaría: ¿y para qué estoy acá? Y no hallaría respuestas...

—¿Los racionalistas no terminan siendo muy contradictorios?

—Seguro. Ponen tanto empeño en negar la fe que, al hacerlo, crean su propio dogma en el que creen fervorosamente. Tienen fe en la razón y ahí ya están contradiciendo lo que defienden.

—A mí me da la sensación de que actualmente hay en el mundo entero un mayor acercamiento a la espiritualidad.

—Yo no sé. Por lo menos la palabra de la Iglesia en lo que se refiere a la justicia social está siendo escuchada con más respeto, me parece. Porque pesa esa palabra y no se atreven a negarla frontalmente... Pero, como siempre, eso es cosa del hombre. El hombre tiene que convertirse no solamente con la cabeza y con el pensamiento sino también con toda la vida, ¿no?... Algunos dicen que la conversión de la mente es más fácil, la del corazón un poquito menos fácil y la del bolsillo la más difícil de todas. El hombre que se convierte de manera íntegra vive con otra perspectiva, la de la trascendencia, la de Dios.

—¿Esa conversión a medias se nota desde su puesto?

—Nosotros sabemos que hay mucha gente que dice: "Yo soy católico" y reza el Credo todos los domingos en la iglesia y de pronto comparte pensamientos, costumbres, comportamientos que contradicen seriamente la fe, que profesan... Hay gente que dice tener mucha fe, pero en su vida rompen todas las normas como si nada y hay otros que dicen "yo no creo", pero sin embargo son honestos, son buenos...

—Monseñor: aunque sea una pregunta muy difícil de responder aun para usted... ¿a cuál de los dos grupos va a elegir Dios?

—Y bueno... Creo que al que compromete su vida por principios y valores... Si esa persona no es creyente se va a encontrar un día, tarde o temprano, con ese Dios que negaba o que creía no conocer... Es como un hombre que tiene dos hijos y le dice a uno de ellos "andá a hacer tal cosa", pero el hijo rezonga, dice "no voy nada", se le enoja, pero finalmente va a ir a cumplir con lo que le pidió el padre. Y está el otro hijo, que responde "sí, papá, enseguida" pero no va a ninguna parte y no hace nada... ¿quién cumplió realmente con la voluntad del padre?... Dios puso la vida, los hombres elegimos cómo vivirla. Yo creo en los hombres buenos, ¿no? Que van a estar más fuertes espiritualmente si son creyentes, además... Por eso la sociedad tiene que hacer lo posible para que haya gente buena. A través de la educación, a través de una convivencia fraterna seria, de un orden social adecuado. Después Dios hará que sean religiosos. Porque son religiosos, después de todo, si no no serían buenos...

—Me parece hermoso lo que dice. No me gustan los

curas que se la pasan retando y amenazando. Me gustan los apasionados pero por amor a sus fieles y al hombre en general, crea o no. A propósito de esta falta de discriminación tan bella que usted me pinta y volviendo al tema de las apariciones: ¿qué pasa con aquellos que no son católicos? ¿El mensaje de la Virgen es también para ellos?

—Yo creo que es para todos los hombres, ¿no? Aquí se pone en acción un principio que para mí es fundamental: María es Madre. No solamente de los católicos ni solamente de los cristianos aunque no sean católicos, sino de todos los hombres. Esto es fundamental. Ella llama a todos, todos son sus hijos, eh… Yo siempre les digo a los padres que están aquí en el Santuario "miren que la Virgen se trae a todos, después ustedes arréglense con ellos, pero la Virgen se trae a todos"… De pronto le viene un divorciado o uno que dice "yo no creo en nada pero, qué sé yo, vine porque me trajeron y porque me gusta y me emociona ver todo esto". Yo les digo a los padres que van a encontrar un montón de cosas de lo más variadas. Y bueno, ustedes tienen que recibirlos como Iglesia Madre y ver cómo poder ayudarlos a que ellos logren lo que quisieron al venir… Es para todos los hombres. Porque Cristo mismo es no solamente Señor de la Iglesia sino Señor de la historia… Dios es Dios de todos, ésa es la verdad.

—Monseñor, al transcribir esto quiero dejar por escrito que cuando escucho a alguien de la jerarquía eclesiástica, como usted, decir algo con semejante apertura me siento más orgulloso que nunca de ser católico. Me parece hermoso… ¿por qué no todo el mundo lo comparte? No todos piensan ni dicen eso…

—A veces nos ubican en una época oscurantista donde la Iglesia era una especie de fiscal de la vida de los hombres y estaba siempre con la espada puesta sobre las cabezas para cortar la del primer transgresor, digamos... Y la Iglesia me parece que tiene que ser más evangélica. Jesús dice: "Yo no vine a juzgar sino a salvar". Y yo creo que ésa es la misión ¿no? Y es la misión de la Virgen. La Virgen llega no juzgando a los hombres sino salvándolos, ofreciéndoles la salvación.

—Por supuesto que no se trata de tirar la chancleta y decir "vale todo".

—No. Todo no vale. La Iglesia tiene su identidad doctrinal y la expone con valentía, pero no juzga a los hombres porque no es su misión. Su misión es alcanzarles la verdad. El que la quiera aceptar, que la acepte. El que no la acepte que se haga cargo de su no aceptación, porque somos responsables todos de lo que hacemos...

—Hay algo, monseñor, que me tiene a mal traer desde hace rato. He recibido yo mismo a gente que fue a buscar consuelo con un sacerdote y que no fueron recibidos en mi Iglesia como esperaban. Yo temo mucho que una parte de esa gente pueda ir a buscar a otros lugares lo que no encontraron en el que creían su lugar. Y, a veces, hasta encuentran en otros sitios —de manera falsa— lo que nosotros no supimos darles de manera verdadera.

—Eso es verdad...

—Nosotros, con mostrar y contar simplemente lo que usted dice, que es simplemente la verdad de nuestra Iglesia, es suficiente. Y en otros sitios, como Dios no tiene derechos de autor, cualquiera se apropia de la idea de Dios o de Jesús no siempre con la mejor intención... ¿Es posible, monseñor, que algunos curas estén, qué sé yo, cansados?

—Sí, posiblemente algunos estén un poco cansados y también un poco acostumbrados a un estilo de vida ministerial, a veces marcado por lo institucional burocrático, digamos. Por ejemplo el cura que es muy celoso de los tiempos establecidos, "yo atiendo de tal hora a tal hora" como si fuera una oficina. Hacen prevalecer el funcionarismo sobre lo eminentemente apostólico. El apóstol es aquel que dio su tiempo a la gente, todo su tiempo. Su vida. Un sacerdote tiene un trabajo de 24 horas por día, no puede contentarse con "cumplir"... Pero no se olvide que están los otros, también. Y son muchos. Esta mañana murió el padre Marcelo, de muchos años aquí en San Nicolás. Usted tiene que escuchar lo que la gente, todos los que fueron a velar a este humilde curita viejo, dicen de él. Es para anotarlo... Como el padre Marcelo hay muchos, eh.

—No tengo dudas. Lo que pasa es que ocurre como con los violentos, que son pocos pero hacen tanto daño que parecen muchísimos.

—Sí, claro. Lo malo es que esas cosas crean desconfianza en la gente que, hasta que no se encuentran con un ejemplo antídoto siguen pensando mal... Con respecto a las sectas, movimientos sucedáneos o sustitutos, yo creo que hay un fenómeno muy especial ante el cual tenemos que hacer un mea culpa: nosotros hemos abandonado mucho a la gente, no nos hemos movido mucho en medio de la gente y entonces esos vacíos producidos por nosotros son llenados inmediatamente por otros. La gente necesita fe, tiene hambre de lo religioso y a veces se prende de lo que venga... Pero yo creo que en este momento, con el tema de la Nueva Evangelización que el Papa ha promovido tan fuertemente, la Iglesia está volviendo a ser auténticamente misionera entre la gente. Y uno se da cuenta que apenas nosotros rellenamos los vacíos que hemos producido, los grupos tipo secta se van porque no tienen consistencia. Y además, el pueblo reconoce inmediatamente a su propia Iglesia, que es la católica...

—¿Se vuelve?

—Mire: el otro día yo escuché en la televisión una conversación de Anthony Quinn con Mirtha Legrand y me interesó una cosa que dijo. Me interesó y lo traje como ejemplo. "Usted es católico", le dijo Mirtha

Legrand. "Bueno, yo fui católico", dijo él. Y empezó a explicar que se había pasado un poco al evangelismo porque le habían prometido la curación de su abuela y la abuela se curó y él la quería mucho y entonces se pasó porque les prometió que se iba a pasar a ellos. "Pero después", contó, "por mi profesión de actor tuve que estudiar todas las religiones y vi que todas tienen cosas muy interesantes, pero en el fondo soy católico"... Ese "en el fondo soy católico" es sintomático. El es católico. Lo que pasa es que, por ahí, su Iglesia no le proporcionó a él los elementos que necesitaba para hacer crecer su fe católica, pero "en el fondo" nunca la dejó. Pase lo que pase, es como decir "yo soy hijo de tal mamá". Nunca se puede abandonar esa condición. Y eso pasa con mucha gente...

—De todas formas, que yo sepa, la religión católica nunca ha sido "enemiga" de ninguna otra religión...

—No, no. Al contrario. Hay relaciones ecuménicas con lo que llamamos las iglesias históricas. Las sectas son otra cosa. Son grupos que son proselitistas y tienen, ellos sí, una beligerancia especial contra la Iglesia Católica. Siempre se caracterizan por dos elementos muy fuertes: son anti-católicas y anti-marianas. Algunas están tomando la táctica de aparecer como marianas porque la gente es mariana, pero lo hacen falsamente... Por todo esto la acción evangelizadora fuerte de la Iglesia en este momento, la tarea misionera fuerte en serio, los pastores en medio de la gente, eso es el antídoto.

—Y hechos como lo que está ocurriendo aquí, en San Nicolás, supongo que también son fundamentales para apuntalar la fe tal cual es...

—Y por eso la Virgen se ocupa ¿no? Ella aparece y la cosa desaparece...

—¿Qué tiene que ocurrir para que el Vaticano apruebe oficialmente lo extraordinario de lo que aquí ocurre?

—En estos hechos es el acontecimiento mismo el que va tomando cuerpo a través del tiempo. Necesita el tiempo que sea. El comportamiento de la Iglesia —y hablo también de la jerarquía— va como definiendo un hecho. Por ejemplo: Lourdes y Fátima, apenas comenzaron a sumarse a las peregrinaciones sacerdotes y obispos, el resto se dio solo. En Lourdes la persona que vivió la experiencia fue, con el tiempo, canonizada por la Iglesia, es hoy Santa Bernardita...

—Claro, pero pasó mucho antes de eso. Las apariciones de la Virgen en Lourdes son de 1858...

—Así es. Ya ve: el tiempo es importante. No puede haber apresuramientos en algo tan delicado. La Iglesia, hace ya mucho, definió las diferencias de la fe en estos casos. Una cosa es la fe humana, cuando uno apoya su credibilidad en una persona y otra es la fe divina, la sobrenatural, cuando uno lo hace con las verdades definidas por la Iglesia... Casos como los de las apariciones son más libres, porque se apoyan en la persona, porque no tiene otros testigos. ¿Cuál es la persona que garantiza de alguna manera las apariciones de Lourdes? Y... Bernardita. Bernardita era una chica sensible y buena, que creció de tal manera en su bondad que terminó en los altares...

—Pero Dios puede usar a cualquiera, no tiene que ser necesariamente alguien tan perfectamente pura como Bernardita...

—Ni santa tampoco, eso es cierto... Lo que después garantiza un hecho de esta naturaleza es el acontecimiento producido, que reúne una gran cantidad de gente de una manera constante y permanente. Por ejemplo lo de San Nicolás no fue un fogonazo que se apagó; esto va creciendo y además va consolidándose. Esto es una nota de garantía formidable y es allí donde se lo tiene en cuenta.

—En una palabra: es la gente la que da esa garantía.

—Por supuesto. En Fátima, por ejemplo, tengo entendido que recién después de quince años comenzaron a ir los obispos como peregrinos, a celebrar. Acá ya vienen los obispos, por decisión personal de cada uno de ellos. Muchos obispos han venido, incluso nuestro metropolitano, que es monseñor López, el arzobispo de Rosario. Una vez, expresamente, dijo "vengo como peregrino y vengo a apoyar el ministerio de mi hermano en el Episcopado". Lo dijo públicamente. Creo que eso es interesante... Y todo esto va a ir creciendo. Está ya confirmado por el pueblo, que es el que hace a la Iglesia. Todos los fieles hacemos a la Iglesia y no solamente la jerarquía eclesiástica... Podría existir un decreto que apruebe de manera oficial pero no es lo más importante. Lo más importante es lo que está ocurriendo, la fe de la gente en acción... Las conversaciones, las peregrinaciones, el amor indudable.

—Además la gente (y yo soy la gente también, claro) necesita, necesitamos volver a las fuentes. Estamos hambrientos de milagro.

—Esto responde realmente a la vida de la Iglesia, totalmente. La vida de la Iglesia tiene esto y lo ha tenido siempre. El pueblo cristiano, a partir de los apóstoles, al crecer en la historia, se ha marianizado. María ha entrado a calar profundamente en la fe cristiana del pueblo. ¿Eso por qué? Y, porque María recibió una misión muy importante en la Cruz, cuando Jesús —señalando a Juan que nos representaba a todos los hombres, no solamente a los católicos— le dice: "He ahí a tu hijo" y a él le dice: "He ahí a tu Madre". Le encomendó desde la Cruz una misión muy importante: ser la Madre de todos los hombres. Y la cumple de una manera formidable, ¿no?

También monseñor Castagna, con esa manera de pensar y sentir, cumple una misión muy importante. Y esto que digo corre por mi cuenta aunque a él no le va a gustar nada que personalice, pero yo no dependo de él ni tengo que pedirle permiso para publicar lo que escribo ni le voy a pedir plata prestada ni me une otra cosa que no sea el pertenecer a la clase de gente que iza el pabellón de la Esperanza cada mañana. Con esas armas, con semejante ejército, es más posible cumplir con el pedido de uno de los 1.887 mensajes de la Virgen registrados en San Nicolás. Aquel del 25 de enero de 1984 que es todo un anuncio de gloria y bienaventuranza:

*"Mirad hacia el sol naciente y veréis nacer el nuevo día. Que haya en vosotros esperanza y fe...".*

Ya puse en claro que no es éste un libro religioso, pero también he dejado impreso que me gusta la palabra religión, que significa "re-ligar", es decir unir muy fuertemente. En este caso al hombre con Dios y con el hombre mismo. Habla del amor, así de sencillo. Si ustedes llegaron hasta este punto sin hacer *zapping* de libro, forman parte también de los que entienden.

Mi idea original del "caso San Nicolás" era darle un par de capítulos, a lo sumo. Ya ven que no fue así porque lo que fui encontrando y sintiendo me estalló en la cara como una granada de flores. Ojalá haya sabido transmitírselo a ustedes. Una nueva coincidencia, como cierre del tema: toda esta maravilla que nos llama a la unión en serio, no la de los politicoides, nace y se desarrolla en San Nicolás de los Arroyos. La misma ciudad que en 1852 fue el escenario donde se reunieron representantes de casi todas las provincias para firmar lo que se conoce en la historia como el Acuerdo de San Nicolás, paso fundamental para terminar con las luchas internas y redactar una Constitución de tipo federal que nos daría nuestras bases un año después.

Cuando volvimos a Buenos Aires no había niebla como a la ida. Ningún tipo de niebla. Todo estaba muy limpio, muy claro. Creo que muy luminoso. Esas cosas del tiempo, ustedes ya saben.

# II
## LOS CHICOS PRODIGIOSOS

## SIETE

# Flavio, un filósofo de once años

Un chico común, adorable, que viaja de manera astral, charla con seres angélicos, nos enseña a amar. Lo que dice, su familia, su ámbito, la vida y la muerte.

La casa es antigua, generosa por sus ambientes amplios y altos, cálida, prolija y bella. Una de esas casas en las que uno espera que, en cualquier momento, llegue de la calle un abuelo con cara de pícaro que lleva una mano metida en el bolsillo exterior del saco donde esconde la sorpresa de unos caramelos que, en realidad, no son sorpresa para nadie porque ya se sabe cómo es el querido viejo y más ahora que nunca cuando se está pareciendo cada vez más a un chico. Una casa de esas en las que lo más natural sería que avanzara lentamente desde el final del pasillo una abuela con una sonrisa chiquita y dulce que nos besará en la mejilla dejando que aspiremos de su pelo la gloria del olor del pan casero.

Pero no hay abuela ni abuelo o, al menos, no se los ve físicamente aunque podría jurar que están allí. Hay, sí, mantelitos en la mesa del comedor diario. Y una salamandra pero de gas. Y un perchero de pie, la punta de un cubrecama de color morado que se deja ver un poquito por el hueco de la puerta entreabierta, muchos libros, muchos almohadones, cuadritos en las paredes, rejas labradas en los pequeños balcones que dan a la calle Alvarado, en Palermo, toallas muy usadas y muy limpias descansando su pereza eterna en la barra del baño y una gata gris que recorre mimosamente cada mueble y de quien olvidé preguntar el nombre. Es un hogar, lo que no es poco decir.

Allí vive Flavio, que ahora tiene once años. Cuando tenía solamente tres y mientras su mamá luchaba para ponerle una media rezongó pidiendo ser él quien lo hiciera. Mientras lo intentaba decía que él no era su pie, ni su cuerpo, ni su cabeza. *"Yo soy más que mi cuerpo"*, dijo aquel chiquitín de algo más de mil días de vida. Enseguida agregó: *"Esta no es la verdadera realidad. Esta vida es un truco"*. Alba, la mamá, debe haberlo mirado como si hubiera recibido un sopapo.

—¿*Cómo un truco?* —preguntó, casi temiendo la respuesta.

—*Un truco. Un truco como la magia de mentira de la fiesta de cumpleaños. Lo que estamos viviendo es un truco. Porque sólo existe el alma, que está con Dios.*

Ya sé que no es fácil entender la cosa como si nada. Imagino algún entrecejo fruncido por la duda. Hasta es posible que alguno de ustedes haya detenido la lectura mirando a su alrededor como buscando un cómplice a quien decirle que yo debo desayunarme con ginebra. Pero ocurre que el relato es textual y que aquello era solamente el comienzo de un festival de asombros.

Ahora es 1992 y Flavio, ya con once años, no puede quedarse quieto. Estamos los dos solos en el consultorio de su papá y él juega con una bufanda que hace un rato debe haber sido blanca pero que ya perdió esa condición luego de servir de lazo, de turbante, de soga para saltar como la de los boxeadores, de vincha como la del cantante Axl Rose (según Flavio) y —por momentos, aunque breves— hasta de bufanda. Es inquieto como una pulga en el día de su cumpleaños y no hay nada —salvo su mirada— que delate en él a un fulanito que ya es autor de un libro precioso (*Vengo del sol*, editado por

Zago Ediciones en diciembre de 1991) en el que nos
habla nada menos que de la vida, la muerte, el mundo,
la gente, el futuro y la raza especial a la que él pertenece,
con la misión de abrir las mentes que quieran y sepan
escuchar. Salvo su mirada, decía. Tiene unos ojos mansos
pero muy vivaces, unos ojos que hablan. Su rostro es lindo, armonioso, enmarcado en un pelo que sufre un
alboroto divertido. Es flaco aunque los deportes no son
precisamente su pasión. Flaco como una caña. Me
recuerda aquello de Blas Pascal: *"El hombre es apenas una
caña en la naturaleza. Pero una caña que piensa"*. Y vaya si
piensa esta caña que deshilacha bufandas y se pasea dando vueltas a mi alrededor mientras yo ruego que el grabador logre rescatar lo que dice cuando está a mis espaldas o en la otra punta del cuarto, masticando una
pelotita de hilo de las muchas que escaparon del echar-
pe mientras me cuenta con total naturalidad que "todos
somos partecitas salidas de Dios", algo que aseguró muy
tranquilamente por primera vez cuando tenía seis años.

Pero no se queda quieto, no hay nada que hacerle.

—*Contáme, si es que se puede, cómo empezó todo…*
—*¿Como empezó qué?*
—*Lo que vos sentís, lo que decís…*
—*Ah. Puede decirse que con mi hermano, con Marcos.*

Marcos tiene tres años más que él. Pura sonrisa, cariñoso, es la buena onda con patas. Ahora está en otro
cuarto de la casa, con algunos amigos con los que está
formando un grupo musical. Alguna vez, cuando tenía
nueve años de edad, Flavio dijo que su hermano y él
vinieron juntos a la Tierra a cumplir una misión, a ayudar a las personas para que tengan más unión con lo
espiritual. Agregó que Marcos era el que irradiaba con
toda potencia y que él —Flavio— es el que tiene a su
cargo mostrar y explicar.

Desde los tres años de edad y en muchas ocasiones Marcos "leyó" los pensamientos de su madre. También con tan poco tiempo de vida en el planeta contó que conocía muy bien la casa de Dios. Y a Dios, claro, que le encomendó su misión como a todo el mundo aunque lo que pase sea que, después, la mayoría se olvida de sus misiones y del mismo Dios.

Explicó que Dios no tiene cuerpo, habla sin tener boca, está en todas las personas. Dijo que aun en los ladrones, en los malos, que son malos porque no saben que tienen a Dios dentro suyo, no lo sienten. Siempre a los tres años de edad, Marcos contaba con naturalidad que veía a los ángeles muy a menudo. *"Se paran frente a mi ventana; son de aire, flotan, tienen luz pero no tienen alas. Los ángeles están más cerca de Dios. Ahora no quiero hablar más de esto; hablemos más otro día".* Cuando yo leí este párrafo en *Vengo del sol* me estremecí recordando a aquellos que habían pasado por una muerte clínica y que al ser recuperados hablaban de su Gran Experiencia en la que habían visto claramente a un ángel o a más de uno. *"No tienen alas"*, decían. *"Son seres llenos de luz, pero no tienen alas como las que se ven en los dibujos."* Y lo repetían con absoluta convicción el ama de casa del barrio de Almagro, el ejecutivo o la estudiante que no se conocían entre sí ni habían cruzado una sola palabra. La descripción de ellos (muchos son los que contaron haber "visto" ángeles durante su estado de muerte clínica) coincide con la de Marcos cuando tenía tres añitos nomás. Dios mío, una vez más releo lo que escribo y me asombro de asumir que soy yo el que lo hizo. Yo, que antes de mi propia Gran Experiencia, miraba este tipo de fenómenos como algo que se filtraba de la ciencia ficción. A veces estoy tentado de borrar relatos, de tachar frases que pueden parecer fantasiosas, de no publicar nada de esto porque no sé si estamos preparados para recibirlo. Tengo miedo de que suene absurdo y busco rasguñando mi mente las palabras con las que pueda llegar más. Quisiera escribir gritando. O susurrando. O como sea que haya que escribir para que este tipo de cosas suene natural y real. Pero la evidencia de los testimonios con nombre y apellido me ayuda. Es un rompecabezas donde todas las piezas van encajando de una manera milimétrica. Marcos describía desde su purísima niñez a los ángeles en 1981 y nunca se hizo público hasta ahora. Sin embargo, nueve años más tarde yo empezaba a recoger los primeros testimonios de los que habían sido rescatados de una muerte clínica y en algunos de ellos la descripción era exacta. ¿Por qué dudar de la existencia de los ángeles? Si somos capaces de creer en cualquier pavada que nos dice un ignorante desde la tele o en las miles de promesas que hacen otros desde una tribuna política. Se puede decir que a veces creemos en esas cosas porque en el fondo nos conviene, nos da una sensación de esperanzas que nos hace sentir mejor y preferimos levantar la alfombra y barrer debajo de ella al fantasma de la duda. Vale. Pero ¿no es una esperanza maravillosa, acaso, el creer en los ángeles? ¿No lo es saber que hay Otra Vida? Y, además, ¿no coincide muchísimo más con la pureza que ojalá no hayamos perdido y con nuestra propia manera de vivir una fe que pregonamos? Está bien, está bien, siempre termino en lo mismo: el que quiera oír que oiga. Pero no puedo reprimir la pasión que me empuja a patear puertas para convencerlos de que es mejor creer. Lo sé, no es una actitud muy mansa ni tolerante. Pero se me pasa, no se preocupen que se me pasa. No por mucho pero se me pasa.

Volvamos a Marcos que, cuando tenía tres años y a propósito del tema de la muerte, le dijo a su mamá mientras ella lo bañaba: *"A vos la muerte te pone triste. ¿No sabés que cuando uno se muere vuelve a Dios?"*. Ya era sensiblemente más grande (tenía cuatro años) cuando dijo un buen día: *"Para vivir esta vida hay que tener alma y corazón, hay que tener Dios y amor. Porque si no, te morís un poquito cada día"*. En 1983 visitó Argentina por primera vez el lama tibetano Sherab. Alguien le contó de Marcos, que tenía por entonces cinco años. El Lama fue en persona a la casa de Palermo y habló un largo rato a solas con el chiquito. Antes de retirarse les dijo a los padres de Marcos que el niño tenía tal potencia espiritual que en el Tibet sería considerado un "toulku", es decir un alma madura que debía ser elegida para ser formado en un monasterio.

Este es Marcos, el que ahora está atacando al teclado musical como cualquier otro chico de catorce, mientras llena el aire de sonrisas. Marcos, el "hermanito" de Flavio.

Flavio, el que sigue creando funciones increíbles para la bufanda que era blanca mientras se tira sobre un gigantesco almohadón panza arriba, mimoso y despreocupado como la gata de la que no sé el nombre.

—Todo empezó, entonces, con tu hermano, con Marcos...

—Sí, cuando él tenía tres años. Con mi nacimiento. Cuando yo nací Marcos empezó a hablar... Yo también empecé a hablar a los tres años, empecé a acompañarlo, a seguirlo...

—¿Hablar de qué?

—Del cambio que va a haber en la Tierra.

—¿Va a haber un cambio o ya empezó?

—Ya empezó.

—Desde tu punto de vista ¿qué es lo que va a cambiar?

—Y... se supone que nos vamos a hacer más espirituales. Vamos a dejar de ser tan materialistas ¿no? Porque hay mucha gente que es un adulto muy formal y no... no es libre.

—Muy cierto. Pero ¿por qué crees vos que esto pasa ahora y no pasó nunca en miles de años? ¿O es que pasó antes?

—Siempre pasaron cambios. Este es otro. Una vez más.

—También es cierto, pero los cambios anteriores parecen diferentes. Las civilizaciones más poderosas, como los griegos, los romanos, hasta la de la Atlántida, que como tema me parece apasionante, partieron de lo espiritual y fueron llegando a un punto de materialismo tan grande que terminó por destruirlos. Ahora parece que fuera al revés: del materialismo desatado el mundo estaría cambiando hacia lo espiritual, como una solución... ¿vos sabés por qué?

—Porque somos un punto de densidad máxima.

—Quedáte quieto un poco, por favor, porque el grabador no te toma si seguís dando vueltas atrás mío...

—Ya experimentamos la densidad. Ya terminó esto de denso o no denso. Ya nos pasamos...

—¿Se nos fue la mano?

—Sí, puede ser. ¿No te parece a vos?

Qué curioso. Me contestaba una pregunta con otra pregunta, para que sea también yo el que se la juegue, al mejor estilo de los psicoanalistas. Y digo "qué curioso" porque ésa es precisamente la profesión de la mamá y el papá de Flavio. Ambos son psicoterapeutas.

Omar Néstor Cabobianco es un hombre de apariencia dulce que da toda la sensación de saber mucho y contar sólo lo necesario. Es manso, amable y afectuoso. Su consultorio no tiene diván ni escritorio. Es un sitio amplio y con mucha luz natural que entra por la ventana que da a la calle. Hay un gran sillón de cuero imponiendo su presencia y decenas de almohadones tirados por ahí, compitiendo en tamaños y colores. El padre de Flavio no ocupa siempre el sillón al atender a sus pacientes sino que espera que cada uno de ellos elija el lugar que le parece más cómodo y él se sienta donde resulte. Una de las paredes está cubierta por completo por una biblioteca que acuna desde tratados de psicología hasta *El ojo del samurai*, de Morris West, pasando por textos de Jung o de Hermann Hesse. Aceptó hasta con naturalidad el poder telepático de Marcos, su hijo mayor, así como las videncias de seres angélicos o los viajes astrales que relataba el chiquitín. Tal vez la sorpresa fue mayor cuando Flavio, su segundo hijo, también a los tres años de edad, comienza a demostrar que también tenía "una misión". Aunque católico, el rigor intelectual lo había llevado a un cierto agnosticismo, situación que revirtió ante esos dos personajes que Dios le había encomendado para cuidar y quizás para mostrarle a él mismo algunas cosas. Néstor sabe escuchar a sus hijos. Los deja en libertad para pensar y sentir. Sólo los ordena con límites normales simplemente porque los chicos —a pesar de sus vivencias— son exactamente eso: normales. Juegan, discuten, escuchan música, les gustan los jueguitos de computadora, pelean la nota en el colegio, ríen, se enojan.

Néstor siente a Marcos como el intuitivo y el generador. Y a Flavio como el teórico y, por sobre todo, como el portavoz.

Alba Cabobianco es rubia, agradable y transmisora de una sensación de seguridad que por momentos impresiona. Hace unos cuantos años, antes de que nacieran los chicos, ella y Néstor pasaban un fin de semana en una isla. Hacía frío. Un brasero no fue retirado a tiempo y los gases tóxicos la llevan hasta las puertas de la muerte. Luego contaría que se sintió pura conciencia, unida a su cuerpo allá abajo por algo así como un cordón de niebla. Alba contaría que en ese momento percibe a Néstor en su desesperación, gritando y sacudiéndola para reanimarla.

Ella se siente en total libertad, tal vez como nunca antes ni jamás después. Se resiste a volver. De pronto, como en un flash, siente toda la vida que debe seguir viviendo para cumplir con algo importante. Se abandona. Se deja volver. Está otra vez en su cuerpo y aquel episodio hizo aún mucho más fuerte la relación con Néstor. Alba sabía, además, que su vida tendría un especial sentido. En *Vengo del sol* relata de una manera bella y conmovedora el shock de energía que percibe en sus dos partos, en especial el de Flavio. Hoy está aquí, con un aura que parece señalarla como el pivote sobre el que gira todo lo que ocurre en la casa de Palermo y en las vidas de quienes la habitan. Es como si la habitaran a ella y no a la casa. Su independencia está marcada hasta en pequeños detalles de la profesión: el consultorio de Alba es mucho más tradicional, con diván, escritorio y una penumbra que puede ser tranquilizadora. Su sentido de la libertad es absoluto. Su manera de ser es silenciosamente cálida y protectora. Es como una frazada.

Ambos, Alba y Néstor, rondan los 40 años de edad.

—Sí, yo pienso como vos. Creo que se nos fue la mano. Pero ¿vos creés que esto del cambio es un movimiento universal?

—La teoría de los campos morfogenéticos dice que cuando pasa algo importante en un lugar, pasa en todos los demás.

—¿Cómo es la teoría… ésa?

—Por ejemplo: el fuego se descubrió en un lugar, en algún momento, y casi al mismo tiempo se fue descubriendo en distintos lugares, sin conexión… Es una teoría que dice que se llena como un registro, y ese registro, cuando ve un cambio, se reproduce. Algo así.

—Decíme: todo lo que vos decís, ¿lo percibís, lo sentís, lo leíste en alguna parte, te lo cuenta alguien?

—Yo lo siento. Es parte de mi lógica que no es la habitual.

—¿Y cómo es tu lógica?

—Se puede decir que es una lógica con los dos hemisferios...

—Contáme ese asunto de los dos hemisferios.

—Bueno... El hemisferio derecho...

—Cerebral... Estás hablando de hemisferios cerebrales...

—Sí, claro... El hemisferio derecho es el de la magia, el que no es racional. El hemisferio izquierdo es el racional. Las personas usamos un poco, nada más, de nuestro cerebro. Muy poquito...

—Un ocho por ciento, tengo entendido.

—Eso es, un ocho por ciento. Y nada del derecho y poco del izquierdo, encima. Hay científicos que llegaron a usar bastante más, pero nunca nadie llegó a tener su cerebro en un cien por ciento desarrollado...

—Quedáte quieto que el grabador no va a tomarte... En tu caso específico, vos tenés tu cerebro más desarrollado...

—Sí... Lo uso. Y creo que la gente lo va a empezar a usar... No me suena, ¿no? Eso de decir "lo uso", "no lo uso"...

—A mí me suena, me parece bien. Porque tenerlo lo tiene todo el mundo, pero no todos lo usan igual.

—Todos lo tienen, todos lo usan, pero nadie lo manifiesta en el plano consciente. Lo tienen en el plano inconsciente.

—¿En el plano inconsciente creés que sí lo manifiestan?

—Claro. Porque uno siente, pero no lo puede expresar... No hay una conexión entre el hemisferio derecho y el izquierdo. Por ahí vos podés decir "te amo" pero no podés decir muchas más cosas en un sentimiento, no lo podés explicar con palabras.

—¿Vos te sentís un "raro" o alguien te ve "raro"?

—Yo no me siento raro para nada. Algunos puede ser. Supongo que sí.

—¿Y cómo te sentís cuando notás que te ven raro?

—Incómodo.

—Te comprendo. Dejemos lo de "raro"… ¿sos diferente?

—Diferente soy. Yo soy común, soy como todos. Y, también como todos, soy diferente en algunas cosas. Todos somos diferentes. No hay nadie igual a otro.

—Está bien, pero al decirte "diferente" yo me refería a "superior".

—No. No hay superior ni inferior.

—Bueno, pero estarás de acuerdo en que no todos los de tu edad, tus compañeros del cole, saben lo que vos sabés ni piensan lo que vos pensás…

—No es que no piensen. No lo pueden expresar. Yo tengo que agradecerle mucho a mis padres que me han dejado opción, me han dejado espacio… Aparte ya te dije que no hay superior ni inferior. Todos tenemos una misión… ¿Por qué una misión va a ser más importante que otra?…

—Bueno… La tuya suena como muy importante.

—Tanto como las otras. Hay una cantidad de personas que cumplen con su misión pero nadie los compensa por eso. Esa misión, por ejemplo, es irradiar. Y por ahí esas personas hacen mucho bien en tal cosa, pasan algunas cosas buenas por lo que esa gente irradia y nadie le da las gracias a ese grupo de personas porque nadie se da cuenta, ni ellos mismos se dan cuenta de que están haciendo eso… La misión de mi hermano, por ejemplo, es irradiar. Vos podés estar tocando el teclado o podés estar en una fiesta y estás haciendo tu misión. Uno siempre está cumpliendo su misión. Todo el mundo irradia sentimientos.

—A propósito: ¿vos creés, como yo, que el amor es lo único que puede salvar al mundo?

—El amor es lo que yo estoy transmitiéndote... Pero ojo que una cosa es el amor posesivo y otra es el amor como energía única. Todo es el amor. Todo está compuesto de una energía única... Por ejemplo: viene la energía única, se parte en dos y entonces hay más densidad; se parte en cuatro y hay más densidad; y se va partiendo cada vez más, cada vez más, hasta llegar a la densidad ésta donde hay muchísimas divisiones de aquella energía única del principio. Entonces uno se pierde. Pierde el contacto con esa esencia porque está tan dividida que nadie piensa que uniendo cada uno de los pedacitos se puede hacer algo. Pero se puede.

Para Flavio (de quien les recuerdo que tiene once años en el momento de esta charla) hay dos grandes divisiones: lo denso y lo sutil.

El diccionario aclara que "denso" es aquello compacto, apretado. Así ve Flavio —y también Marcos— al mundo de lo material que habitamos. No estamos apretados sólo por los objetos que nos rodean, que son muchos, sino también por nuestras contradicciones, nuestros choques de sentimientos, las indecisiones, lo convencional, los miedos, todo eso. Es un mundo denso, difícil de penetrar, donde lo que parece importar más es sobrevivir cuando lo importante es solamente vivir.

Por su parte "sutil", además de ser una palabra muy útil para utilizar en novelas románticas o en boleros, significa tenue, delicado. Es la manera con la que los hermanos Cabobianco definen a lo espiritual, a aquello que vale la pena, a lo que nos acerca a Dios del que todos formamos parte aun cuando muchos ni se dan cuenta. Tal vez lo que nos hace personas. El alma es sutil. Es tenue, es delicada. Y también eterna. Sócrates y Platón —por nombrar a dos muy conocidos entre los muchos griegos de la antigüedad que usaban bastante más que el ocho por ciento de su cerebro— pensaban y decían prácticamente lo mismo hace unos 2400 años. Los tibetanos jugaban en idéntico equipo más o menos 3000 años atrás. Y los egipcios coincidían con estas ideas hace algo así como 4500 años. No están nada mal como compañeros de ruta.

—¿Vos creés que los grandes te entienden cuando contás estas cosas?

—Me van a entender los que me tengan que entender. Y me va a pasar lo que me tenga que pasar.

—Eso último me suena medio fatalista, como que la decisión no es tuya…

—¡Claro que es mía!

—Ah, bueno… ¿vos no decidís sobre tu destino?

—Ay, no… Todo eso es muy relativo… Mirá: por un lado está el chico que está jugando con un rompecabezas; por otro lado está el padre que viene y le dice "mejor poné esta pieza acá y esta otra allá" y, por último, está el que hizo el rompecabezas… Uno es las tres cosas juntas. Uno es el que hizo el rompecabezas, y también lo está jugando. Uno está jugando su propio destino… Me gustó mucho este ejemplo…

—Yo te escucho decir estas cosas y es asombroso que vengan del mismo al que hace horas que estoy viendo comportarse como cualquier otro chico de once años…

—¿Pero por qué me voy a perder la oportunidad de ser un chico de once años? Nunca más voy a poder ser Flavio Cabobianco a los once años, nunca más. Tengo que aprovecharlo ahora. Tengo que vivirlo.

—¿Qué pensás del tiempo, a propósito?

—El tiempo es infinito y es relativo. Es como ir en una selva alumbrando con una linterna. Lo que se ve es el presente, pero el pasado y el futuro están también allí aunque no los alumbres.

—¿Qué te preocupa más a vos: el presente, el pasado o el futuro?

—Hay que vivir en el presente. No me parece bien la gente que vive en el futuro o la que vive en el pasado. Los que dicen: "Uy, ¿qué va a pasar mañana?", o los que dicen: "Uy, lo que me pasó ayer".

—Hay una "puerta" que vos mencionás a menudo y es la que separa a lo físico de los demás niveles. ¿Uno puede pasar esa puerta cuando quiere o solamente en determinados casos?

—Uno la pasa realmente cuando se muere. Se la puede pasar con el alma en sueños o cosas así. En esos casos uno la pasa quedando ligado al cuerpo con un hilo. Si el hilo se rompe uno ya no vuelve, no puede volver al cuerpo. Vos podés hacer un viaje astral pero si te volás demasiado, demasiado, demasiado, chau, se corta y llega un momento en que te podés morir.

—¿Vos te volaste muchas veces?

—Con Vicky, una curadora, una curadora americana. Justo hasta el nivel ángeles, pero más allá sentí que no debía seguir.

—¿Hasta dónde llegaste?

—Hasta el nivel de los seres primordiales, donde está la materia prima de las almas.

—¿Y qué encontraste allí?

—Cosas geométricas, como resplandores. Estaba como viajando y veía resplandores verdes, blancos, de todos colores.

—¿Y qué sensaciones te daban?

—Había sonidos, también *(tararea suavemente una musiquita leve)* eran unos sonidos armónicos... Y tenía muchas sensaciones. No sé, no es explicable... Felicidad...

—¿Creés que la gente puede conseguir la felicidad a través de eso?

—No, mejor conseguirla acá. Pero no es la felicidad

de acá, ésa es inexplicable, no tiene palabras para contarla. Vos lo sabés. Con lo que te pasó yo creo que vos llegaste más lejos que yo. Yo estaba más agarrado al cuerpo y mi misión no era llegar tan allá. A partir del nivel primordial viene el nivel inconcreto. Vos llegaste al límite del nivel inconcreto. Y ahí está la Luz.

Flavio me muestra aquí un gran dibujo de su libro donde figuran los diferentes planos. Es un dibujo claramente infantil, pero esta definición sólo sirve para los trazos, tipo casita con chimenea y humito. En cuanto a lo que encierran, ya nadie se atrevería a llamar "infantil" a eso. Con la misma naturalidad con la que cualquiera de nosotros describiríamos un paisaje, él me cuenta de seres primordiales, de organizadores, de niveles mentales y emocionales, concretos e inconcretos, puntos astrales. Ahora soy yo el que hizo una pelotita con un hilo de la bufanda que era blanca y la paseo por la boca, jugando.

La respuesta a mi siguiente pregunta fue inmediata, sin el menor atisbo de duda, lanzada como un disparo certero y exacto cuando yo casi ni había terminado de hablar.

—¿Cómo encaja Dios dentro de todo esto?
—Dios es Todo.

—Todo lo que aquí me mostrás…
—Todo esto y todo lo que no es esto. Lo que está manifestado y lo que no está manifestado. Todo. Dios es Todo.
—Flavio… ¿Cómo ves vos el futuro del mundo?
—Como tenga que ser.
—De acuerdo, pero a vos, ¿se te ocurre una idea de cómo puede ser?

—Tiene que llegar, al fin y al cabo, a ser más espiritual, ¿no? Con un nivel mucho más grande de amor.

—¿Y creés que va a llegar?

—Y claro que va a llegar. Seguro que va a llegar. Cuándo, no sé.

—¿Qué te pasa?

—Me duele un poco la garganta.

—Sos como todo el mundo.

—Por supuesto. Yo sé que tengo algo de distinto y no me molesta. Lo que me molesta es que a veces algunas personas me califican demasiado como distinto. Los que dicen que soy una especie de extraterrestre, por ejemplo, ésos me molestan. Hay algunos que me piden, qué sé yo, si puedo curar a una persona discapacitada. Lo dicen con muy buena intención, pero están equivocados. Yo no tengo ese tipo de poderes.

—¿Tenés algún tipo de poder?

—¿En qué sentido?… Sobre el plano físico no.

—Sobre el plano espiritual.

—Todos tenemos poderes sobre el plano espiritual. Yo tengo el poder de expresar lo que siento en el plano mental, tengo el poder de hablar, el de ver, el de caminar…

—¿Qué le decís a los que no están de acuerdo con vos?

—Nada. Les digo: "Será porque no tenés que estarlo".

—¿Sentís la necesidad de contar lo tuyo para ayudar a los demás?

—Claro, de comunicar. Trato de contarlo de la manera más sencilla. No me gusta la gente que se encierra en lo que sabe y los científicos que empiezan a hablar, a hablar, a hablar. Por suerte yo soy un chico y no tengo tanto vocabulario como para encerrarme.

—¿Que no tenés tanto vocabulario? Menos mal…

Decíme: ¿qué vas a ser cuando seas grande? Si me decís bombero, me desmayo.

—*(Ríe.)* No sé… Una cosa es lo que uno quiera ser y otra cosa es lo que va a ser… Lo que me gusta ahora es la computación, por ejemplo. O hacer música. Me encanta el teclado y la guitarra. Me gusta el helado de limón, tomar chocolate, ir a asaltos hasta la una… Hace poco tuve un asalto. Estaba mucho más nervioso que cuando fui a la tele. Ahí deben haberme visto como un millón de personas, en el asalto me habrán visto dieciocho, pero era mucho peor. Era el primer asalto al que iba… Estaba muy, muy nervioso. Me vistió mi hermano. Me puso esto y lo otro. Yo pensaba qué iba a pasar, si iba a haber gente, si habría alguna chica que me gustara, si saldría a bailar…

*A esta altura ya habían entrado al cuarto Alba y Néstor, sin intervenir en la charla, dejándolo libre como siempre. Ahora se reían y movían la cabeza asintiendo al recordar los nervios de Flavio en ese primer baile de su vida, apenas un mes atrás. No había nada más normal en el mundo que el relato de esa fiestita, aquella ansiedad del debut, las risas de ahora. Y en el mismo tono con el que había hablado de Dios, el alma, los planos astrales, la vida y la muerte que —también para él— no era de ninguna manera un final sino, sencillamente, la continuidad natural de la existencia. Era maravilloso. Ni yo ni nadie puede explicar cuántos misterios hay en Flavio. Ni siquiera sus padres.*

—¿Qué es mamá para vos? ¿Cómo es? ¿Cómo la ves?

—Bué… Mamá… Alba Argentina Zúccoli, nacida en Misiones… Después se separó de su querida selva. Vino a Buenos Aires… Lo mejor que tiene mamá para mí es que me acompaña… que está muy cerca mío. Todos están cerca mío pero ella está más cerca…

—¿Y papá? ¿Qué es lo mejor que tiene papá?

—Bué... Compartimos muchísimas cosas, ideas. Leemos juntos libros que algunos escribieron de una manera muy complicada y tratamos de hacerlos más sencillos. Me saca las dudas...

—Flavio... ¿qué es lo más impresionante que te haya ocurrido?

*Hay una larga pausa. Flota el silencio respetado por todos mientras él piensa revoleando los ojitos y revolcándose lentamente en el almohadón gigantesco. Parpadea un par de veces seguidas. Y deja escapar la palabra en un tono bajo, suave, seguro.*

—Vivir.


Como en todo lo que este libro contiene, la intención ha sido simplemente mostrar. He respetado cada palabra que salió del grabador para acercarles a Flavio Cabobianco, once años, con lo más parecido a su esencia. No voy a adjetivar ni a opinar porque la charla tiene en sí la suficiente potencia como para que ustedes mismos juzguen. Al fin de cuentas, no me dejen todo el trabajo para mí solo. Vamos, piensen.

# OCHO

## Marisol, una luz salteña de nueve años

*La niña que corre por ahí hasta que comenzamos a hablar del más allá. Cómo ve a los espíritus buenos y malos que nos rodean. Su mamá, su hermana, mil misterios.*

Marisol Massola tiene nueve años. Les pido que recuerden este dato a lo largo de toda la charla que mantuve con ella. Marisol Massola, insisto, tiene nueve años. Su aspecto es saludable, robusto y decididamente infantil, como corresponde. Lo que dice poco tiene que ver con ese aspecto ya que se mete, pisando firme, en terrenos que los filósofos miran desde afuera con cierto respeto algunos, con escepticismo otros y con un razonable temor todos. Vive en la provincia de Salta con su familia, en un barrio cercano al centro de la ciudad capital.

Hasta no hace mucho tenía allí un espacio en radio en el que decía cosas que merecieron la felicitación y el asombro de mucha gente, incluyendo a la jerarquía eclesiástica luego de su primera audición.

—¿Qué hacías en la radio, Marisol?
—En la radio yo trataba de que la gente comprenda qué es el amor. ¿Por qué estamos creados? Por el amor... Y qué es Dios: el amor. Todo es amor. La Creación entera. Y si no hay amor, entonces no hay nada...

En 1991, cuando tenía ocho años, escribió para la solapa del libro de Flavio Cabobianco:

*"Hermano querido: No veo la hora de conocerte. En mi programa de radio les pido a los chicos que escuchen con el corazón, porque la mente habla, habla y habla. Les pido que no escuchen sólo con el oído, pues a veces entra por una oreja y sale por la otra. En cambio, si escuchan con el corazón, llega mejor."*

Ahora, al escribir estas líneas, es mayo de 1992. Marisol está en Buenos Aires por primera vez en su vida y sólo por un par de días, dando los toques finales a su propio libro, guiada por Arturo Pasqualis Politi (hijo) y por Alba Casas, una psicopedagoga muy bella por fuera y por dentro. Ambos fueron fundamentales, entre otros, para la edición del libro de Flavio. Arturo es hijo de ese impresionante personaje rebosante de fe que lleva el mismo nombre y apellido. El hombre por quien, un mes atrás, acepté con gusto dar una charla en el convento de las Hermanas Benedictinas, del barrio de Belgrano, donde Pasqualis Politi padre es el presidente del Movimiento Serra, dedicado a la oración y la reflexión tanto como a la ayuda a quienes la necesiten. Aquella fue una hermosa noche. Todos los asistentes —y de manera muy especial las monjitas, verdaderos cántaros de dulzura— recrearon una vez más ese clima de amor que suele producirse en esos encuentros. Allí conocí a Arturo Pasqualis Politi hijo, de 40 años de edad e idéntico fervor y búsqueda que engalanan a su padre. Yo no sé si ustedes advierten cuánta gente anda por ahí regalando su tiempo para ayudar a los demás. Formando parte de movimientos, sociedades o grupos de todo tipo por lo cual no solamente no ganan un centavo sino que, a veces, deben poner algo de su bolsillo para que la cosa camine. Nos emborrachamos a diario de malas noticias, personajes nefastos, corrupciones varias y ramilletes de desencantos, pero no nos damos cuenta de que la vida está llena también de gente que no hace más que dar sin pedir nada a cambio. Ya aprenderemos, supongo. Y, si no, nos joderemos, que es lo que hacemos de manera habitual y casi masoquista.

El caso es que, al salir de aquella charla en el convento, Pasqualis Politi hijo me habló por primera vez de Marisol. Arturito, que trabaja como administrador de un campo en Salta, la había conocido allá y había quedado deslumbrado con su lenguaje y su mensaje.

A esta altura es buena cosa poner en claro que cuando, durante la charla, le pregunté si era católica, me respondió con una precisión asombrosa para su edad: *"Trato de ser cristiana"*. Lo cual no es poco, señoras y señores, lo cual no es poco. Además de ser una respuesta llena de humildad. De todas maneras, aquí sí importa y mucho el hecho de que Marisol intenta permanentemente dar testimonio de amor y de paz, con lo que todos somos un poco parientes suyos en la fe. Tanto Arturo y yo mismo, orgullosamente católicos, como cualquier otro de la religión que haya elegido, estamos en el mismo barco y sabemos que los motores que lo mueven son precisamente el amor y la paz en serio. No hubo un Papa con un sentido tan ecuménico como Juan Pablo II, sin ir más lejos (aunque en realidad es ir muy lejos en distancias y estaturas morales). El antiguo cardenal polaco se reunió en Asís con las figuras principales de las mayores religiones del planeta dándonos un ejemplo para el que hay que ser muy bobo si no se lo entiende. En este caso específico, Marisol cuenta cosas que ninguna iglesia avala de por sí, pero que tampoco niegan ni creo que deseen hacerlo. Por otra parte, hablar con los ángeles, realizar viajes astrales con la misma naturalidad con que yo voy de Vicente López a Belgrano, tener visiones del Bien y del Mal, son cosas que no tienen una explicación racional pero casualmente de eso trata este libro.

El caso es que unas semanas después de aquella charla a la salida del convento, Arturito me llamó por teléfono para ofrecerme un regalo: Marisol estaba en Buenos Aires con su mamá y su hermana mayor. Dos horas más tarde me encontré con él en una confitería que, por pura coincidencia (cosa seria), se llama "La misión" y, como si fuera poco, queda sobre la avenida Santa Fe. Al rato estábamos con Marisol, en el piso de la poetisa Nora Guerrero, en Ayacucho y Marcelo T. de Alvear.

No pude evitar la comparación con Flavio. Tienen todo en común en lo que hace al mensaje, pero no mucho en carácter. Ella es más tímida, menos explosiva, casi hermética por momentos. Muestra un gesto serio, salvo cuando corre por el departamento con una amiguita, demostrando que sí tiene nueve años a pesar de que habla como si hubiera cumplido mil la semana pasada. No duda en lo que dice y no da la sensación de estar recitando un libreto ni cosa parecida, ya que responde a todo con la misma certeza, aun a preguntas que la sacan de lo suyo. Flavio es un gatito mimoso, Marisol es una gatita que mantiene cariñosamente la distancia. Y ambos son sabios en un sentido real de la palabra, a pesar de la edad. La tienen clara, para decirlo en el lenguaje adolescente. Bien clara.

—Ya que hablás del tema… ¿qué es el amor?

—El amor es Dios. Como te decía, es todo… Porque Dios nos creó por amor, para que seamos felices…

—Vos sabés que hay gente que no hace las cosas muy bien que digamos. Gente que planea guerras, por ejemplo. Gente que no se porta bien… ¿ellos tienen salvación, también?

—Sí, tienen salvación. Porque Dios es todo amor. Si no fuera así, El elegiría los buenos por un lado y los malos por el otro, pero no. El eligió a todos... Tiene un hijo que se comporta mal y otro que se comporta bien, ¿a quién elige? A los dos, porque son sus hijos...

—Está bien... Pero el hijo que se porta bien merece algún premio y el que se porta mal, qué sé yo, un pequeño castigo aunque sea...

—No. Todos somos sus hijos. Dios no castiga, nosotros somos los que nos castigamos... Dios es de un amor infinito. Trata de comprendernos y nos comprende, porque todos los errores que vos cometés, digamos, son experiencias...

—Según yo tengo entendido vos podés ver cosas que la mayoría no ve. Me cuentan que sos capaz de realizar viajes astrales y, en ese caso, me gustaría que me cuentes como son. ¿Viste una luz muy intensa, como en los casos de la gente que estuvo clínicamente muerta?

—Sí, pero todos tenemos esa luz. Es como el alma, nuestra chispa divina... Sí, yo las veo, las veo. Son muy lindas. Se siente paz y un gran alivio.

—Eso es durante tu viaje astral...

—Sí.

Aquí interviene su hermana, preguntando si puede hacer una aclaración. Se llama Gabriela, tiene 19 años, es alta, delgada, morena, bonita. Es también dueña de un gesto adusto y serio, una actitud más profesoral, menos indulgente para los que no somos iniciados en la cosa.

—Quiero hacer esta aclaración sobre todo para la gente que no entiende mucho...

—Lo que quieras.

—El plano astral quizás sea un poco denso. Hay un astral alto y un astral denso. Pero después hay otro plano que es superior al astral, mucho más sutil, mucho más puro. El contacto de Marisol es en ese plano, en el superior.

Vuelve a tomar la palabra Marisol, con su querendón tonito provinciano y su decir tranquilo pero seguro.

—Uno puede tener contactos espirituales aquí, con otras personas. Se puede decir que los viajes a los que vos te referís son viajes cósmicos. Pero los nombres no importan. Lo que importa es la experiencia.

—Tenés razón. Después de todo el nombre se lo ponemos nosotros. Habláme de la experiencia, entonces. Contáme cómo fue el más lindo de esos viajes astrales, cósmicos o como sea que los llamemos...

—Bueno... Para mí no hay elección. Para mí todos son lindos.

—Elegí uno cualquiera, entonces. ¿Cómo fue desde el principio?

—Desde el principio empezamos a hacer oración. Entonces una noche me acosté, ¿no es cierto?, y empezó primero el deseo de estar acostada, y después sentí como si saliera, ¿no es cierto?... Primero por los pies, después fue subiendo y hasta que lo sentí en la cabeza y entonces fffff... *(acompaña ese soplidito con un gesto de ambas manos que eleva como empujando a algo que toma vuelo)* Entonces desde ese momento hay como un hilito que te une a tu cuerpo. Es largo el hilo, hasta donde quieras... Entonces podés entrar en otro plano, ¿no es cierto? Podés ver un mundo de ensueños, el que siempre soñaste, como un paraíso digamos... Ahí podés jugar, cantar, reír, ser niño... Después volvés a tu cuerpo por el mismo hilito. Cuando el hilito se corta es porque uno muere...

—Un señor llamado Lobsang Rampa llamaba a ese hilito "el cordón de plata" y muchos lo definen como vos. Pero ya que hablás del asunto... ¿qué es morir?

—Morir es evolucionar. Uno deja este cuerpo, la materia... La vida es un día. Yo, para entrar a ese día, me pongo una ropa y al final me transpiré, entonces vuelvo y me saco la ropa. Esa es la materia, la ropa. Yo sigo siendo la misma...

—Esos viajes tuyos, ¿los hacés dormida o despierta?

—Como sea. La meditación es muy mucho diferente a dormir, a soñar. Es siempre mejor hacerla estando despierta.

—¿Y cómo la hacés?

—Bueno... Primero me siento o me acuesto... En un lugar que me guste a mí. Pongo las manos en mi plexo solar y entonces cierro los ojos y me imagino un sol que empieza a irradiar calor, así, como saliendo de mí... Y así me voy despegando de mi cuerpo y llego a planos altos.

—¿Qué tan altos son esos planos? ¿Viste a Dios?

—Dios no tiene forma. Es amor... Es un Ser de gran luz, mucha luz...

—¿Y cómo sabés que es Dios? ¿Por una sensación?

—Uno descubre realmente si es Dios... Vos sentís que es verdad...

—¿Sos católica?

—Trato de ser cristiana.

—¿Y qué pasa con las demás religiones?

—Es que hay algo que envuelve a todas. Es el amor. El amor es la base de todo. Sin amor no hay nada.

—Marisol, ¿por qué la gente grande no entiende todo eso?

—Porque no lo quiere comprender.

—¿Y por qué no?

—Porque ellos piensan que el dinero les va a hacer la felicidad y piensan todo al revés... Porque ellos descubren la mitad negativa de la verdad, no la mitad positiva... Ellos, por ejemplo, buscan en otro lado, no buscan donde debe ser. A veces no aprenden cuando tienen experiencias lindas o experiencias feas...

—Todos tenemos alguna vez experiencias feas. Si te toca alguna ¿qué hacés? ¿la borrás?

—No. Las experiencias no se pueden borrar. Están ahí para que uno aprenda. Si uno mete la pata y hace algo malo debe aprender para no volver a hacerlo. Borrarlas no. No se puede. Además no hace falta. Cuando buscás a Dios, ya se borran.

—En esos viajes cósmicos, como quedamos en llamarlos, Flavio me contó de sus encuentros con seres angélicos, ¿vos los viste, también?

—Sí.

—¿Cómo son?

—Bueno... Son seres de inmensa luz que irradian energía... Algunos son con mantos blancos, otros con verdes, rosados, de diferentes colores, pero siempre colores alegres y suavecitos. No marrón, ni negro ni rojo fuerte... Tienen unas alas enormes que les llegan hasta los talones, aquí...

Confieso que sentí algo parecido a una decepción al recordar que tanto Flavio como otra gente que había pasado por la Gran Experiencia en sus muertes clínicas había dicho que los ángeles que vieron no tenían alas. En el preciso instante en que iba a decirle eso a Marisol volvió a terciar su hermana Gabriela como si me hubiera leído el pensamiento ya que no alcancé a decir ni una sola palabra.

—¿Quiere más detalles? —me dijo Gabriela.

—¿Más detalles? Sí, claro...

—También hay sin alas. Con una luz que les sale de la frente, de la parte del ombligo y de la garganta... Tienen largas cabelleras, algunos hasta la cintura, de color dorado incandescente, su cara es de una inmensa belleza, no se pueden definir entre lo masculino y lo femenino porque no tienen sexo... Son caras traslúcidas, algunas con rasgos humanos, solamente que los ojos son mucho más grandes que los nuestros y más bien rasgados...

—¿Dan una sensación de paz?

—Dan una sensación de paz que depende de la vibración que yo tenga en ese momento para poder soportar su presencia, porque es tanta la energía que ellos irradian que, aunque no sea su intención, para mis electrones que no están puros del todo, pueden hacerme daño... Por eso para tener un contacto de esa naturaleza hay que estar bastante limpio de mente y de cuerpo y estar bastante en oración...

—¿Hay algún tipo de comunicación con ellos? ¿Les podés hablar o te hablan ellos a vos?

—Sí, pero no hablo con la boca. Tampoco la conexión es telepática, como alguno puede imaginar. Es de corazón a corazón, de plexo a plexo.

—¿Y qué tipo de cosas les comunicás o te comunican?

—No, yo no comunico casi nunca nada. Son ellos los que lo hacen. Nos dan enseñanzas... Cuando yo aprendí a entender esas enseñanzas me ha servido para curar, por ejemplo, porque ellos me enseñaron...

—A curar ¿cómo? ¿Con imposición de manos, algo así?

—Se puede curar a la distancia, se puede curar tocando a la persona, se pueden curar no sólo dolores del cuerpo sino del alma, irradiando.

—¿Y lo lográs a menudo?

—A menudo, sí. Porque no soy yo, soy un canal únicamente... Hay veces en que alguien trae una foto del padre, por ejemplo, que tiene cáncer. Pero la persona ya tiene metida en la cabeza la idea de que se va a morir y que no hay nada que hacer. En esos casos yo tengo que irradiar pensamientos positivos para lograr que tenga más energía. Comienzo a pensar en esa persona y lo voy programando para que cambie su actitud, para que cambie su forma de pensar, todo lo demás, despacito, despacito, despacito. Y bueno, después viene la gente a contarte: "Vos sabés que ya está cambiando" o "Vos sabés que ya piensa de otra manera", y entonces sí quieren que se los cure...

—Es decir que les cambiás primero su manera de sentir.

—Claro, porque la gente casi siempre cuando tiene un problema físico, cuando tenemos un problema físico, es porque algo nos está andando mal dentro de nosotros, en lo espiritual. Ese problema físico es una forma de expresar al exterior eso malo que sentimos...

*En este caso lo dicho por Gabriela como aprendizaje de los ángeles puede decirse que coincide en absoluto con lo expresado por la misma ciencia cada vez con mayor insistencia: una increíble cantidad de enfermedades de todo tipo tiene su origen en lo psicosomático. Cada uno de nosotros puede comprobarlo a diario. Con un ánimo óptimo uno puede, a veces, darse atracones que no le traerán ningún resultado de los terribles y temidos, mientras que con un mal ánimo, con los problemas rondando por dentro nuestro, nos caerá mal hasta una miguita de pan. La mayoría de los profesionales de la medicina —incluyendo desde hace un tiempo a los oncólogos, que estudian a los enfermos de cáncer— le prestan especial atención a la psiquis del paciente. Y es buena cosa recordar que "psiquis" viene de "psique", que significa "alma".*

Gabriela no era, en un principio, protagonista de la entrevista. Pero ya ven como lo fue siendo, también, de manera natural. Lo mismo ocurrió con la madre de las dos chicas, Ana María Arias. Una mujer tranquila y afectuosa que se nos unió recién en el final de la charla acompañando en silencio, sonriendo con algunas respuestas, casi puede decirse que disfrutando todo aquello. Ana María posee, sin dudas, un potencial enorme pero discreto. No hace alardes de lo que evidentemente tiene. En su casa de Salta hay un sector, el antiguo comedor, que se ha transformado en un oratorio donde a diario se reúnen. Ella es cálida y moderada. Una mujer muy especial.

Marisol, de quien les recuerdo una vez más que tiene nueve años de edad, afrontó la parte final de esa charla con la misma seguridad abrumadora de todo su transcurso.

—Desde tu punto de vista, Mari, ¿vos tenés una idea de cómo puede ser el futuro del mundo?

—Sí.

—¿Me lo podés contar?

—Va a ser lindo, va a ser nuevo, va a cambiar mucho. Va a ocurrir… no una lucha, una limpieza. Se va a curar mucho. Va a estar limpio. Va a sanar…

—En esa limpieza de la que hablás ¿tienen algo que ver muchas cosas que han pasado en los últimos tiempos? Me refiero a volcanes que han entrado en erupción después de muchísimo tiempo de no hacerlo o terremotos que no se esperaban o enfermedades nuevas y todo eso…

—Lo que pasa es que el hombre se ha portado, digamos, muy mal con la naturaleza y la naturaleza le está diciendo "che, che, esperá, despertáte, mirá yo no soy de hierro"… Pero sí, está cambiando mucho el mundo. Muchos están despertando ya.

—Si vos tuvieras que darles un consejo a los grandes, ¿qué les dirías?

—¿A los grandes o a los padres?

—Está bien, a los padres.

—Les diría que comprendan a sus hijos, que dejen que fluyan, que amen mucho más, que no den malos ejemplos, que traten de ser un poco más comprensivos con sus hijos. Porque si ellos tienen errores, son experiencias. Dejen que ellos también crean en sus cosas, dejen que ellos fluyan, porque si no, se pueden cerrar, y eso es feo, porque después con dolor van a tener que abrirse y les va a costar mucho…

—¿Vos sabés por qué decís las cosas que decís?

—Sí. Porque estoy cumpliendo una misión.

—A través tuyo ¿habla alguien?

—Hablo yo. Habla mi yo superior.

—¿Y cómo conseguiste estar tan cerca de tu yo superior siendo tan chiquita, al menos en edad?

—Pensando en Dios. Pero, decíme una cosa: ¿por qué decís que soy tan chiquita y no me puedo acercar a mi yo superior?

—No, no, no dije nada de eso. Creo que la mayoría de los chicos, tal vez todos, están más cerca que nadie de Dios. Lo que ocurre es que me llama la atención lo tuyo, porque no muchos chicos pueden expresarlo como vos lo hacés, tan claramente...

—Cada uno tiene su forma. Todos los chicos van experimentando cosas y así se van ampliando. Si echás un balde de agua vas a ver cómo se amplía, ¿no? Bueno, así...

—¿No te trae problemas con los demás chicos ser como sos?

—No, al contrario.

—¿No te ven como algo raro, una cosa diferente?

—Ah, eso. Sí, por ahí. Pero es que los padres los cierran...

—¿Hay muchos chicos como vos y como Flavio en el mundo?

—Muchos, muchísimos... Lo que pasa es que a algunos los padres no los dejan expresar. Es como una botella que tiene gas y la tapan con un corcho...

—Marisol, tengo entendido que vos podés ver, a veces, algo así como las fuerzas positivas y las negativas que andan a nuestro alrededor.

—Sí, a veces puedo.

—¿Cómo son?

—Las negativas son feas, negras, como nubes negras. Las positivas son como bolitas de colores claros. Las negativas casi siempre son más...

—¿Y las positivas nos defienden?

—Sí, pero no destruyen a las negativas. Las convierten.

—Ah... ¿pueden convertirlas en positivas?

—Las convierten.

—Eso significa, de alguna manera, que las fuerzas positivas son más fuertes que las negativas.

—Sí, siempre.

—¿Qué es lo que más te gusta de la vida?

—El agua.

—¿Por qué?

—Yo nací para el agua. Me gusta sentir que vuelo sobre el agua que me sostiene.

—¿Qué es lo que menos te gusta de la vida?

—Nada.

—¿No hay nada que no te guste?

—No. Nada.

—El odio, por ejemplo.

—Ah, pero eso no es vida.

No sé ustedes, pero yo creí que no podía haber una respuesta mejor para cerrar aquel encuentro y atar todo con un moñito como ése. Como con mi querido Flavio, no pienso adjetivar. Sólo creo que, en los dos casos, hay bastante para aprender si uno quiere. Y hay mucho que ayuda a seguir adelante, creyendo en los que nos rodean. Por lo demás, ahí les dejo la cosa, tal como fue.

No sé si se los dije: Marisol tiene nueve años.

# III
## LOS QUE NOS CUENTAN EL FUTURO

# Dibujos y premoniciones

*Eleva Valdez dibuja el futuro desde Bella Vista. Sus aciertos. Lo que aún no se cumplió. Antecedentes. El caso de Solari Parravicini y sus asombrosas profecías.*

No importa la hora, ni el día, ni el clima, ni ninguna otra cosa externa. Elena Valdez se despierta en medio de la noche y, a veces agitada, otras conmovida, algunas sintiendo una gran serenidad, camina apenas unos pocos pasos hasta encontrarse con el block de dibujo y sus plumines que siempre están allí preparados para esos casos. Casi sin luz, casi sin haber despertado del todo pero bien consciente, Elena comienza a dibujar en un solo trazo una de sus obras que no es otra cosa que lo que acaba de soñar. En la mayoría de los casos, si no en todos, Elena estará pintando una premonición. Un hecho que ni siquiera ella sabe cuando ocurrirá, pero que ocurrirá. Es un fenómeno que se da en algunas personas en el mundo y siempre con la misma explicación: ninguna. A esos dibujos se los conoce en el lenguaje de los entendidos en temas psicológicos especiales como "psicografías". Si recordamos que "psique" significa "alma", bien podrían traducirse estas obras como "trazos del alma". Y creo que en ese caso andaríamos muy cerca de la definición perfecta para este fenómeno tan asombroso como real.

Elena Valdez tiene 42 años, es madre de dos hijos y viuda de Julio Argentino Riesgo, ingeniero, escritor y un hombre pleno de humanidad al que Elena —en un rasgo que la pinta en dulzura— dice seguir amando profundamente más allá de la vida.

Vi sus psicografías, con las cuales armó un libro que aún no ha sido editado. En esos dibujos aparece una y otra vez el contorno de lo que se asemeja de una manera notable al mapa de la Argentina. Pero hay más, mucho más. Elena Valdez es morena, bonita, afectuosa, cálida y con una voz que evidencia fervor pero también calma, serenidad. Vive en Bella Vista, Buenos Aires, orgullosa de la unidad de amor que conforma con sus dos hijos. Profesa la fe católica.

En una ocasión soñó claramente, como siempre, una visión. También como siempre, se levantó de su cama y dibujó el sueño de un solo trazo. En el papel quedó plasmada la imagen de una mujer muy joven, casi una niña, elevándose de un trono majestuoso con su cuerpo inserto en corazones. En el vientre de la mujer había unos frutos. Elena le pregunta durante el sueño quién es ella. La joven mujer le sonríe con dulzura y tan sólo le responde: "Soy 1620". Se la ve rodeada de una luz sobrenatural, muy bella. En el texto que acompaña a este dibujo (siempre hay un breve texto, también soñado) se lee:

*"1620. Presencia lumínica. Me dá con su palabra la protección. Su cuerpo inserto en corazones reflejando infinito amor. Sale del trono como una reina con su cabellera larga hasta el suelo...".*

—Yo estaba impresionada por lo que veía en aquel sueño. Le decía: "Quiero saber tu nombre". Ella sonreía y me decía: "Yo vine ahora solamente a traerte paz... Ya sabrás lo que quieras en el momento oportuno...". Como yo le insistía me dijo: "Soy 1620". Después me dijo que iba a tener un problema y que, cuando ocurriera, acudiera a esa luz y que tuviera paz porque ella me iba a proteger. Con mi hermana tuvimos efectivamente un problema, un problema serio, de riesgo de vida. Cuando todo eso pasó mi hermana me pidió que fuera con ella a Catamarca, para cumplir con la promesa que había hecho si nos salvábamos. Fuimos... Cuando ingresamos en una gruta que hay allí, subimos unas escaleras y vimos una mayólica grande con la imagen de la Virgen del Valle de Catamarca. En esa mayólica hay un número: 1620. Es el año en que los indígenas encontraron la estatuilla de la virgencita... Nos sentamos en un escalón y nos pusimos a llorar de la emoción al recordar... Allí estaba la respuesta: 1620... Lo único que no entendí nunca bien era que la imagen que yo vi en el sueño era más jovencita que aquella de Catamarca...

—Elena, la mayoría de la gente no lo sabe, pero la Virgen tenía 16 años cuando nace Jesús. Era una adolescente.

—(Luego de una pausa larga) No... No lo sabía...

*Era muy común, hace veinte siglos y en aquella cultura, que las jóvenes fueran dadas en matrimonio a muy temprana edad. Los datos históricos señalan que la Virgen María tenía 16 años al nacer su Hijo y 49 cuando Él es crucificado. Alguna literatura y muchas películas la han mostrado mayor, tal vez por muy mundanos problemas de producción o simplemente por ignorancia, dejándonos una imagen que no es la real.*

*Elena quedó sorprendida por el dato ya que, ahora sí, todo encajaba a la perfección con su sueño. Pero recién se estaba enterando. De allí esa larga pausa y ese nerviosismo.*

—Cuando dibujás uno de esos sueños lo hacés de un solo trazo...

—Sí, completamente. Nunca hice un bosquejo en lápiz o algo así. Tampoco dejé nunca un dibujo por la mitad para terminarlo después. Lo hago directamente con plumín y de una sola vez. Queda plasmado el dibujo inmediatamente... Muchas veces no sé que dibujé.

Empiezo a descubrir los símbolos de a poco y, en algunos casos, hay algunos que no descubro yo sino que me los señala alguien que ve al tiempo esa psicografía... Los textos también los escribo allí, al final del dibujo, sin saber enseguida qué quise decir...

—Por lo que veo en las psicografías y en sus fechas, para entender la premonición que hay en algunos de ellos tuvieron que pasar años. Es el caso de Malvinas, por ejemplo...

*Ese dibujo muestra una imagen de la república con manchas de sangre en su cuerpo. Hay muchos rostros como en una gran manifestación y abundan carteles y pancartas. Hay banderas, pero blancas. Elena no señaló esto, pero eran un símbolo clarísimo de una rendición que ocurriría con dolor. También aquel dibujo muestra fusiles y un perro ladrándole a un grupo de islas en las que se destacan dos como las más grandes. El texto que acompaña habla de "seres reunidos sin ideologías, marcados en pos de la soberanía de unas islas" (sic). El contorno del mapa argentino aparece inclinado, en posición de vencido. La silueta del perro ladrador es increíblemente similar a otro contorno de mapa: el de Gran Bretaña. Lo asombroso es que este sueño dibujado es de 1977. En ese momento nadie podía saber —ni Elena misma— qué significaba aquello exactamente. Cinco años después todo coincidía.*

Otras psicografías de Elena Valdez han tenido su confirmación de manera inexplicable y sorprendente. En 1976 otro sueño se transforma en dibujo premonitorio. En él aparece un jinete vistiendo una armadura con manchas negras. Hay mucha confusión alrededor, un caos singular. Se muestran, también, hombres de cabellos rubios y una suerte de monstruo indescifrable con un solo ojo amenazador. Algo parecido a una máquina infernal. O un misil, tal vez. El texto dice:

*"Jinete del oro negro. De lejanas montañas de occidente los seres rubios cabalgando monstruos destruyen el golfo. Petróleo en el mar. Mortandad en los peces…"*.

En 1976 lo razonable hubiera sido preguntarse: "¿En el golfo?, ¿cuál golfo?, ¿por qué petróleo en el mar?, ¿qué es eso de soldados rubios cabalgando monstruos?". En 1991 habría respuestas a estas preguntas. La guerra del Golfo Pérsico, el petróleo que en efecto provocó una gran mortandad de peces al ser arrojado al mar, la maquinaria bélica, los misiles con su único "ojo" apuntando a la destrucción, los seres rubios llegados del lejano occidente, eran una realidad en las primeras planas. Las preguntas hoy serían las que yo mismo me hago: ¿cómo y por qué esta mujer de apariencia tan dulce y tan normal sueña con tanto detalle lo que después dibuja y se cumple, tarde o temprano? No lo sé. Llamar coincidencias a estas cosas es una linda manera de huir de lo que uno no entiende. Porque aquí sólo estoy reflejando algunos de sus dibujos. Son muchos y los hay con la premonición cumplida como con profecías que aún esperan su turno.

En enero de 1979, otro sueño-dibujo que se cumpliría en su anuncio apenas unos meses más tarde, antes de que termine ese año. Elena y su plumín plasman sobre el papel la imagen de una monjita anciana, con el rostro arrugado, abrazando a un grupo de desprotegidos que se aprietan a su alrededor como pollitos buscando el calor de la gallina. Hay, a pesar del aparente dramatismo de la escena, una especie de aura triunfal rodeando a la anciana monja. El texto dice: *"Sor de la Caridad, Nobel serás"*. Unos meses después, como digo, ya no quedan dudas: la Madre Teresa de Calcuta es honrada con el Premio Nobel de la Paz.

En una gran cantidad de las psicografías de Elena
Valdez aparece el contorno del mapa argentino. Es casi
una constante. Le pregunté por qué, pero no lo sabe.
Tan sólo se limitó, como de costumbre, a repetir su sueño en el papel. Pero sí sabe que cada trazo es auspicioso
para el país. Que todo indica que se trata de un lugar
elegido.

—¿Por qué, Elena?

—No sé, no sé por qué. Pero es algo tan claro que
éste va a ser "el lugar"… Aparte de lo que yo pueda sentir con mi propio corazón, es lo que a mí se me transmite sin ninguna duda. Si todo esto que hago tuviera que
tener un fin en especial creo que es el de mostrarlo,
para dar este mensaje que está lleno de esperanzas…

*Uno de aquellos mensajes ya comienza a abrir el panorama
en 1977, a pesar de que en ese momento y desde hacía ya unos
años el clima social del país no era precisamente el mejor. Una
psicografía de entonces muestra al sol abrazando amorosamen-
te a la imagen de la república. Se advierte el contorno de Sudamérica y, desde el sitio que en ella ocupa la Argentina, emerge
una cruz luminosa, "llena de energía" según las propias palabras de Elena. Sus rayos de luz parecen partir de allí para llegar a todo lo que está alrededor. El texto dice:*

> *"La Argentina será elevada. Cruz energizadora. Unión
> de Oriente y Occidente. El Hijo del Sol gobierna nuestro
> bendito suelo con amor"*

La unión de Oriente y Occidente no podía ni siquiera soñarse en el mundo de 1977. Claro que Elena sí lo
soñó y ya vimos todos que no estaba equivocada. Pero ¿y
el resto?, ¿qué va a ocurrir en Argentina?, ¿qué está ocurriendo ya?, ¿qué fuerzas nos señalan y por qué?, ¿a qué
época se está refiriendo? ¿qué es todo esto, por Dios?

Otra psicografía del mismo año 1977 es todavía más clara.

El dibujo muestra a tres seres de distintas razas. Se ven barcos. Se advierte, otra vez, el contorno del mapa de América del Sur y en él, de manera destacada, el de la Argentina. Otra vez la cruz luminosa que expande sus rayos como un faro. Y el texto, que se refiere a nuestro país, lo menciona con una comparación impresionante:

*"Fraternidad. Representación de crisol de razas en la Nueva Jerusalén. Cruz en el Calvario. Hermandad".*

No me pregunten nada porque ya me hice yo las mismas preguntas. Eso de "la Nueva Jerusalén" es algo estremecedor, en especial cuando son voces de distintos ámbitos las que coinciden. Yo sé muy bien que esto no se puede entender fácilmente y ni siquiera les puedo pedir que lo acepten así como así. Estoy tan intrigado como el más intrigado de ustedes y, debo confesarlo, tengo muchas ganas de que se cumplan tan auspiciosas profecías. Pero todo lo que tengo es eso: ganas. Expresión de deseos. Respuestas no tengo. Lo siento mucho.

—Elena... ¿últimamente tuviste este tipo de sueños donde se la ve a la Argentina con un buen futuro?

—Sí, sí... Lo vuelvo a experimentar completamente. Ya como en forma de árboles, como el árbol de la Vida, donde surge también el renacer de los niños nuevos... El nuevo hombre, digamos, el nuevo despertar, el renacer de Argentina...

—¿Y qué pasa con el resto del mundo?

—Va a haber una unificación de las religiones. El hombre va a entender cosas nuevas que son cosas buenas. Y Argentina será el faro que ilumine desde aquí a todos.

—Otra vez Argentina.

—Muchas veces. Argentina aparece venturosa, plena, como el lugar del que saldrá el germen de la paz, el lugar que acunará a seres de otras razas que buscarán la ayuda y el cobijo.

—¿Tuviste últimamente algún sueño premonitorio que hayas dibujado?

—Sí, tuve uno que es de este año, del 92. Muestra un conflicto en Europa, un conflicto que tiene que ver con las aguas, con el mar... Pero no sé de qué se trata ni cuándo ocurrirá...

—¿Cuánto hace, Elena, que te ocurren estas cosas?

—Y, desde que tenía diez años más o menos. Pero después fue creciendo y los sueños se van transformando en dibujos.

—¿Vos tenés alguna explicación para lo que hacés?

—No. No tengo ninguna explicación. Yo creo en Dios, soy católica practicante, siempre tuve fe, la sigo teniendo. Pero explicación a las psicografías, no. No tengo. En un pequeño credo personal que yo te mostré, escribí hace un tiempo que "creo más en el mundo invisible que puedo sentir que en el mundo visible que a veces no vemos"...

Cuando Elena Valdez aún no había nacido, tuvo un antecedente con características que son prácticamente idénticas a las suyas. El hombre, muy conocido hoy en el terreno de la parapsicología seria, se llamó Benjamín Solari Parravicini. Entre otras cosas fue Director del Salón de Arte del Banco Municipal y los que lo frecuentaron lo pintan como sencillo, muy humanitario, buena persona, humilde y fervoroso católico practicante. Solari Parravicini realizaba sus psicografías (que sospecho no se llamaban así en su época) en un estado de completa lucidez y conciencia. La mayor parte de sus trabajos los llevó a cabo entre 1936 y 1940. Si ahora no es sencillo asimilar este tipo de cosas no quiero imaginarme lo que habrá sido por entonces. El caso es que, con el paso del tiempo, muchos de aquellos dibujos también acompañados por textos breves que solían ser terriblemente enigmáticos para la época, se cumplieron de manera inexorable. Lo que era un enigma, algo que no se entendía, fue una realidad. Tomo algunos ejemplos y les ruego que se ubiquen en el momento en que fueron escritos. No voy a describir los dibujos, que son bien directos, porque las palabras que los acompañaban son lo suficientemente esclarecedoras.

En 1937, el texto de una psicografía de Solari Parravicini decía:

*"La era atómica se acerca. Rusia ya está jugando con ella sin saberlo. Llegará la guerra de guerras. Fuego de fuegos será"*.

Fue dos años después cuando dio comienzo la Segunda Guerra Mundial donde el potencial de fuego fue imposible de medir. Pero es aún más asombroso que el autor mencione a "la era atómica". Insisto: era 1937 y nadie podía saber ni siquiera qué era semejante cosa. En 1945, con los bombardeos atómicos sobre Hiroshima y Nagasaki, todos supieron que existía algo así. Y la premonición psicográfica de Solari Parravicini se cumplía, dolorosamente.

En 1938, otra profecía dibujada llevaba este corto texto:

*"Caerá el corazón del mundo, año 40. Caerá y será alemán hasta el 44"*.

El dibujo muestra, entre otras cosas, un trazo que es sin dudas la imagen de la Torre Eiffel donde flamea una bandera tricolor. Pero ni siquiera eran necesarios semejantes detalles ya que, en aquel tiempo, "el corazón del mundo" era sin discusiones París. La ciudad cayó en poder de las fuerzas alemanas, efectivamente en 1940, para ser liberada —con increíble precisión premonitoria— en 1944.

Otra psicografía de Solari Parravicini es más cercana en el tiempo y más asombrosa aún. Un dibujo con muchos trazos negros y su texto:

*"Cabeza de barba que parecerá santa pero no lo será, encenderá a las Antillas".*

Simplemente impresionante si tenemos en cuenta que la obra es de 1937. No hace falta pensar mucho para advertir una descripción hasta física de Fidel Castro. También está claro aquello de "parecerá santa" debido a que, al principio, no sólo fue recibida con alborozo la revolución que sacaba del poder al dictador Fulgencio Batista sino que el mismo Castro repetía en sus discursos iniciales que nada tenía que ver él con el comunismo. Hay grabaciones de esos dichos. Luego, ya todos sabemos lo que siguió. En efecto no fue solamente Cuba la "encendida" sino que el barbado gobernante se encargó de "exportar" su ideología y métodos lo más posible, especialmente en las Antillas, en Centroamérica y luego Sudamérica. La revolución cubana estalla el 31 de diciembre de 1959. La premonición fue dibujada 22 años antes.

Hay otra, también de 1937. Un dibujo muy cósmico. Y el texto:

*"El hombre volará los espacios siderales, vencerá al sonido, conocerá los astros y sabrá que el mundo es inferior planeta..."*

Pasarían años para que el hombre superara la velocidad del sonido y muchos más para que volara los espacios siderales. Nos está faltando conocer los astros y —lo peor de todo— comprobar que nuestra amada Tierra es un planeta inferior, seguramente comparado con lo que se descubrirá sabe Dios cuando.

Ya que hablamos de Dios, una psicografía del mismo autor, en 1936, muestra a una típica campesina rusa con pañoleta en la cabeza y gesto triste, cabizbajo, pero con un sol naciente detrás de ella. El texto:

*"La Nueva Rusia será pobre, pero regresará a su Dios...*

*Sus sabios llegarán a asombrar al mundo, dominarán en deses-
peración y después caerán estruendosamente. La nueva hija de
ella será pobre, pero será".*

En ese 1936 Rusia estaba en uno de sus peores
momentos de ateísmo y persecuciones que luego conti-
nuarían en el tiempo. Luego sus sabios asombraron al
mundo sin duda alguna. Baste con recordar que el primer hombre que surcó el espacio en una nave fue el
ruso Yuri Gagarin, gracias al avance científico y tecnoló-
gico de su patria. "Dominó en desesperación" con una
amenaza nuclear que nos hizo vivir a todos por años con
la cola entre las manos y, finalmente, la Unión Soviética
se disolvió como sabemos —y "estruendosamente"—
dejando a Rusia en manos del mercado negro, la usura,
la pobreza. Es pobre, pero es, como escribió Solari. Y
saldrá de ese estado tarde o temprano. Mientras tanto,
se reencontró con la religión, con la fe, con Dios. Ahora
bien: ¿alguien puede explicarme cómo el autor de esta
psicografía pudo adelantar hechos que, apenas tres años
atrás, no entraba ni en el más descabellado de los análisis de ningún estadista político del mundo?

Dejé expresamente para el final tres puntos interesantes: 1) lo que ya entonces profetizó Solari Parravicini
para la Argentina; 2) lo que anunció para el mundo
entero cuando llegara el próximo siglo, del que nos
separan hoy unos pocos años; y 3) Los pronósticos en
los que el autor evidentemente se equivocó ya que no se
cumplieron.

1) Año 1940. Medio planeta en llamas. Aún queda
por delante todo un lustro de guerra mundial. Argentina es neutral aún. Pero Solari Parravicini habla de ella
haciéndolo en un futuro mucho más lejano de todo
aquello, tal vez en lo que pronto puede ser presente

para nosotros. En este caso sí voy a detallar la psicografía porque es importante. El dibujo muestra una suerte de lápida sobre la que está escrita la palabra "caos" y en su borde dice "Argentina". Hay una ondas con la inscripción "Río del Plata" (sic) donde aparecen unas extrañas figuras encimadas como de ¿personas? que llegan al país. Luego otra imagen erecta, con la sensación de frente alta y mirada al cielo, detrás de la cual flamea la bandera argentina con el sol en su franja central. Dominando la escena, a pesar de su segundo plano, un frente que es el clásico del Cabildo y, detrás de él, dos soles nacientes separados por un rollo típico de algún documento o acuerdo. Hay también un perfil de una cabeza con un curioso casco adherido al cuero cabelludo (?) y detrás una gloriosa pirámide, como las egipcias, que deja salir de su cúspide algo así como unos benéficos rayos enrulados.

El texto dice, textualmente:

*"En América del Sur la Argentina luchará su libertad, por la libertad de las libertades, la libertad de Dios. Pax."*

Si buscamos interpretar todo esto (que no es fácil) pareciera que la época de la lápida y el caos es la que vivimos penosamente durante la década del 70, donde todo parecía caerse en pedazos. Eso ya estaría cumplido. Todo lo que sigue, incluyendo de manera muy especial el breve texto, se muestra auspicioso. La frente alta, los soles nacientes detrás de un símbolo tan claro como el Cabildo, el documento que no se sabe qué encierra pero que emerge de ese edificio entre los dos soles, la bandera flameante, ese rostro perfilado tan limpio y hasta la misteriosa pirámide de la que en toda la simbología se la menciona como altamente benéfica. Y luego "la libertad de Dios". No la que se gana luchando hasta con la propia vida ni la que pueda "otorgar" graciosamente alguien. La Libertad de Dios. La que tenemos dentro nuestro desde el momento en que nos transfor-

mamos en un ser humano, aun cuando a veces nos la
negaron total o parcialmente. La Libertad de Dios. La
total, la absoluta, la inherente al hombre, la insustitui-
ble, la de la paz. Justamente es la última palabra del
mensaje: *Pax.* Así, en su forma latina. Paz. La que el diccionario define como "virtud que pone en el ánimo
tranquilidad y sosiego". ¿Qué más puede uno pedir?
Una vez más deseo con todas mis fuerzas que todo esto
que aquí me limito a mostrar como hechos asombrosos
resulte ser lo que parece ser.

2) El dibujo con el que Solari Parravicini muestra un
futuro para él muy lejano (año 2002) pero para nosotros
tan cercano, no puede ser más angelical, esperanzado,
benéfico y auspicioso, lleno de signos casi de santidad,
arbustos tupidos y acogedores, flores y una elevación del
hombre hacia más allá del suelo que pisa. Y el texto, que
dice:

*"Año 2002. Siglo XXI. El año 2002 será el principio de la
era del amor. Todo ser se amará sin concupiscencia; el hombre
esto lo habrá olvidado y la mujer conocerá su deber. Almas nuevas llegarán a poblar la Tierra, siendo todas superiores y tra-
yendo la quinta dimensión. Se hablará mentalmente y se vivirá
en Cristo Dios".*

Así de simple y maravilloso. Concupiscencia es el
apetito y deseo exagerado de los bienes terrenos o de
los placeres de manera desordenada. No hace falta
tener 300 de coeficiente intelectual para saber que la
concupiscencia es uno de los productos más abundantes
del planeta. Pero, según esta psicografía, desaparecerá.
Todo será amor del bueno, el que se da con la guardia
baja y porque uno lo siente y no el que se simula dar
para conseguir alguna cosita a cambio como puede ser
dinero, sexo, poder, acomodo. Lo de las razas superiores, la quinta dimensión y las "charlas" mentales me
sobrepasa. No lo entiendo. Lo de vivir en Cristo Dios
creo que no necesita aclaración. Es como para envidiar

sana pero profundamente a los que vayan a vivir semejante futuro. Nada de fines del mundo apocalípticos, sino una tierra fresquita en la que vivir. Vamos, chicos, vamos a creer en todo esto para estrenar hoy una esperanza nueva, que tanto se usan.

3) Si yo pretendiera que este libro fuera nada más que impactante, bien podría ignorar los desaciertos de Solari Parravicini. Pero intento ser imparcial y, como dije ya varias veces, simplemente mostrar todos los hechos para que cada uno saque sus propias conclusiones. Los vaticinios que no se cumplieron son muy pocos, pero suficientes como para clavarnos una duda en el pecho y buscar analizarlos más profundamente. Uno de ellos dice:

*"La voz del corazón ya no será en el hombre y el mundo rodará al caos del 65 al 85. Después, la voz de Cristo y El en el mundo".*

La psicografía en cuestión es de 1937. Menciona en forma específica los años que transcurren desde 1965 hasta 1985. Suena casi apocalíptica y, si bien es cierto que no se cumplió tal como uno podía imaginarlo, también lo es que la fecha no pasó desapercibida para el mundo. El 6 de agosto de 1964 el gobierno de los Estados Unidos decide el envío de tropas a Vietnam. En 1965 —el año marcado por el pronosticador— comienza una ofensiva bélica en esa zona del planeta que haría que más de medio millón de soldados norteamericanos se trasladaran allí y no precisamente en plan turístico. Lo que, según el presidente de entonces, Lyndon Johnson, "acabaría en poco tiempo", duró nada menos que diez años, ocho meses y veintidós días. Dejó un saldo de alrededor de 60.000 norteamericanos muertos y casi un millón de cadáveres asiáticos de ambos bandos. En un momento dado (entre enero de 1969 y marzo de 1971, 26 meses) los aviones estadounidenses lanzaron sobre

Indochina unos dos millones y medio de toneladas de bombas, una cifra mayor que la empleada por las fuerzas aéreas de ese país durante toda la Segunda Guerra. Mientras tanto el mundo entero estaba expectante por el razonable temor de que aquello desencadenara la tercera. El 30 de abril de 1975 terminó el conflicto con el retiro de las tropas norteamericanas, pero muchos de esos hombres volvieron a su patria no sólo con el sabor amargo de la derrota sino, también, con una carga de violencia y hasta locura que desataron en ciudades y pueblos de su propio territorio. Nadie vuelve como si nada de una guerra y mucho menos de una guerra como aquélla. El caos, en efecto, había nacido para muchos habitantes de la Tierra en 1965.

También en ese año comienzan a nacer y desarrollarse una gran cantidad de movimientos guerrilleros armados. Muchos países —incluyendo el nuestro— vivieron en carne propia lo que eso significó. El sangriento accionar de estos grupos terroristas y la no menos sangrienta represión no podían dejar otro resultado que el de una masacre para ambos bandos. Y, una vez más la palabrita, un profundo caos para todos. El más actual es el de Sendero Luminoso, en el Perú de hoy. Pero, en la década del 70, los nombres de las primeras planas hablaban de Baader Meinhoff en Alemania, las Brigadas Rojas en Italia, el ERP, las FAR, los Montoneros y la Triple A en Argentina, los Tupamaros en Uruguay, los escuadrones de la muerte en Brasil y luego los grupos de Nicaragua, El Salvador, Angola, la ETA en España, Chile, Bolivia y muchos países más, incluyendo al Japón, que parecía tan lejano a este tipo de hechos pero no lo estaba. Lo peor de estos acontecimientos sangrientos y dolorosos era que no existía un frente de batalla como en una guerra convencional. Todo era un frente, la gran ciudad y los pequeños pueblos. Es obvio que en una situación como aquélla eran muchos los inocentes que caían y todos los que sobrevivían yendo por la vida de la mano con el miedo. El caos. Era, en efecto, el caos. No fueron pocos los analistas políticos del mundo que arriesgaron decir que ésa era realmente una tercera guerra, aunque distinta a la imaginada por todos.

Si se quiere encontrar en este clima una respuesta a lo vaticinado por Solari Parravicini, no es difícil hacerlo. Tal como él lo escribió, la voz del corazón parecía estar ausente en el hombre. En cuanto a "después la voz de Cristo y El en el mundo", es difícil establecer la fecha de ese "después". Pudo haber comenzado, puede estar comenzando, puede comenzar mañana. Cuando hay una voz debe haber quien la escuche. De eso se trata.

La otra psicografía que no se cumplió —o al menos que yo entiendo que es así— es una del año 1939. Solari Parravicini dice en ella:

*"El cataclismo, fin de finales, llegará en 1982. Cristianos en catacumbas".*

Vuelve a mencionar un año con exactitud: 1982. Es cierto que para nosotros, los argentinos, fue de profundo dolor por la Guerra de las Malvinas, pero no debemos caer en la atractiva tentación de definir a lo ocurrido como una suerte de cataclismo nacional. El texto menciona sin vueltas "fin de finales" y no fue esto lo que sucedió en la Tierra en aquel año. Tampoco lo de la vuelta de los cristianos a una clandestinidad (las catacumbas) como producto de una persecución. Con toda franqueza, confieso que no entiendo el mensaje cuando ya han pasado más de diez años del momento en que debió cumplir el vaticinio. También me sorprende que se hable de "fin de finales" cuando el mismo autor describió —como vimos— a un año 2002 muy auspicioso.

Con estas dudas a cuestas recurrí a los que saben. Valía la pena, como lo advertirán en el capítulo que sigue.

# DIEZ

## *Increíbles casos de premonición*

*La vidente que anunció la muerte de Kennedy. El misterio del "Titanic". Churchill, Hitler, De Gaulle y lo que consultaban. Asombrosos anuncios. Una profesional aclara. Los sueños. Un mendocino que sueña el futuro.*

Jean Dixon estaba tomando el té con unas amigas cuando, de pronto, dejó la taza a mitad de camino entre el platito y su boca poniéndose súbitamente pálida. Con la mirada fija en algún punto que sólo ella veía dijo con voz temblorosa: "Lo van a matar…". Sus amigas se miraron entre sí y luego a ella, sin entender lo que estaba ocurriendo. Una se animó a preguntarle a quién se refería. "Al presidente", dijo Jean Dixon, "van a matar al presidente Kennedy". Esta escena real ocurría en abril de 1963. La mujer sintió con una claridad absoluta que el entonces presidente de los Estados Unidos de América, John Fitzgerald Kennedy, sería asesinado. Ayudada por algunas influyentes amistades logró hacer llegar su premonición a las autoridades de la Casa Blanca. Fue atendida con cortesía, pero no le dieron ninguna importancia a su aviso. Aun cuando les contó de una videncia muy anterior que estaba indudablemente ligada con ésta. Aquélla la había tenido en el año 1952 y supo con una certeza que ni ella misma podía explicar que un hombre perteneciente al partido demócrata, de religión católica y ojos claros, arribaría a la presidencia en 1960 pero sin llegar a cumplir con su mandato, ya que sería asesinado antes de eso. Agotadas las instancias en la casa de gobierno norteamericana, la mujer abandonó su prédica porque ya los últimos que la recibieron estaban demasiado cerca de hacerla sentir ridícula. En la mañana del 22 de noviembre de ese 1963 dijo, de pronto, a su familia: "El día es hoy... Hoy matarán al presidente...". Muy poco después el mundo entero era abofeteado por la noticia que obligaría a los diarios a lanzar ediciones especiales: "Mataron a Kennedy".

Jean Dixon tuvo videncias desde sus nueve años de edad y predijo otros hechos que conmovieron a muchos. Algunos tomaban sus dotes a broma, mientras que otros la consultaban a menudo. Este último era el caso de Carole Lombard, una muy famosa actriz de Hollywood que le preguntó sobre su futuro, como hacían varios notables de la época. Jean Dixon pareció agitarse de repente. Con un marcado nerviosismo le dijo a la actriz que no viajara en avión durante los siguientes dos meses. La bella Carole le explicó que eso no sería posible y que, en una semana, iniciaría una gira impostergable. La Dixon insistió y la actriz le propuso una suerte de juego con el destino: lanzaría una moneda al aire y, si salía "ceca" aceptaría la predicción y no viajaría. Tiró la moneda, que salió "cara". La Lombard sonrió y dijo: "¿Lo ves?... El destino me apoya". Pocos días después Carole Lombard moría en un accidente de aviación.

Las predicciones, profecías, vaticinios y premoniciones que algunas personas parecen tener como algo natural no son un caso de brujería ni mucho menos. En mi libro *La gran esperanza* hay un párrafo dedicado a la seriedad con que hoy en día se toman esas cosas, señalando que, por ejemplo, existe en los Estados Unidos un número telefónico abierto para que se comuniquen con él todas aquellas personas que "sientan" que va a ocurrir algo que pueda afectar a la comunidad. Descartando los personajes con algún tipo de alteración mental o los poseedores de un desviado sentido del humor, se han recogido llamadas que permitieron preparar lo necesario ante un siniestro antes de que ocurriera. Los científicos más racionalistas, incluso, aceptan que hay personas que presienten hechos determinados. Nadie sabe explicar por qué y, menos aún, los propios protagonistas. Pero el fenómeno existe y así lo reconocen hasta los más escépticos en estos temas.

De todas formas es un tema en el que hay que andar con pie de plomo. Los que realmente tienen ese don lo gozan de una manera involuntaria. No existe nadie que diga "bueno, me voy a sentar un ratito para tener una premonición". La cosa aparece solita, de golpe, como si fuera un potente chorro de agua que llena de pronto a la persona como si fuera un recipiente. Y en realidad lo es. Es un "recipiente" ya que recibe (de allí la palabra) el agua que lo llena, pero no fue él el que "abrió la canilla". No puede hacerlo. Las fuerzas que intervienen en este tipo de fenómenos es demasiado poderosa como para ser manipulada en cualquier momento. Solamente Dios sabe por qué, por ejemplo, un señor de apellido O´Connor soñó —diez días antes de embarcar en el imponente *Titanic* (buque que parece signado)— con un navío de enormes proporciones que se hundía sin remedio rodeado por miles de personas que flotaban junto a sus equipajes. O´Connor no contó nada a su familia pero, un par de días después, gestionó su viaje a Nueva York para más adelante. Recién entonces, al anular los pasajes que ya había adquirido, relató aquel tenebroso sueño a sus amigos más cercanos del club de hombres al que solía concurrir en Londres. Algunos lo miraron con escepticismo y otros respetaron con seriedad su decisión ya que el pueblo inglés, de manera tradicional y aún en la actualidad, siempre se caracterizó por tomar todos los hechos asombrosos con un rigor y respeto casi absolutos. Y hablo de las más altas clases sociales y los mejores niveles intelectuales, lo que descarta que se los pueda acusar de ignorantes o desconocedores del racionalismo. El caso es que aquellos amigos, los pasajes anulados y los pasaportes de toda la familia fueron las principales pruebas testimoniales con las que contó este caso, que fue recogido y publicado por la inobjetable Sociedad de Investigaciones Psíquicas de Gran Bretaña. El señor O´Connor no supo jamás cómo fue posible aquel sueño, por qué ese "aviso" ni qué lo diferenciaba del resto, ya que él no poseía ningún tipo de poderes mentales, al menos que supiera. Lo que lo dejó atontado para el resto de su vida —que prosiguió como siempre hasta el fin, sin ningún otro tipo de manifestación similar— fue asumir que él y su familia se habían salvado de una muerte prácticamente segura tan sólo por aquel anuncio onírico.

Pero cuidado con los que aseguran tener poderes para conocer el futuro en cualquier momento. La palabra "adivino" deriva del latín *ad divinis*, es decir, algo así como "proveniente de lo divino, de Dios" y, si es tal, el fulano o fulana en cuestión no pueden manejar un asunto semejante cuando y como se les dé la gana.

Hay gente con posibilidades de pre-cognición (conocimiento previo de los hechos), pero no la pueden ejercer a voluntad. Una cosa muy distinta es "sentir" lo que al otro le está ocurriendo en ese momento, fenómeno muy diferente y mucho más probable, pero que no se mete con el futuro. Otra cosa es "reconocer" detalles del pasado de una persona sin que tampoco en este caso el dueño del don juegue con lo que vendrá. Y otro enfoque de la cuestión es estudiar por medio de observaciones muy hábiles a quien consulta y deducir de allí lo que puede ocurrirle tarde o temprano. Para ponerla fácil: si un tipo fuma tres paquetes por día, no hace ningún tipo de ejercicio, come como un lobo hambriento lo que le pongan por delante, tiene 400 de colesterol, una notable hipertensión y un estrés que le hace parar los pelos de la nuca, no hay que ser precisamente "adivino" para pronosticarle que en cualquier momento le va a dar una pataleta cardíaca. Lo mismo ocurre y es detectado por un buen observador, con actitudes o características del "paciente". Los médicos conocen muy bien estos manejos que a ellos les sirven, obviamente de manera preliminar y con muchos conocimientos, para hacer un diagnóstico que luego confirmarán científicamente. El temblequeo de la tacita de café que alguien lleva a su boca les enciende a lo médicos la alarma de que esa persona puede tener o tendrá algún tipo de afección cerebral, por menor que sea. Otro que no advierte que la ceniza del cigarrillo en su mano ya casi le está quemando la piel, le señala silenciosamente a un médico ducho que esa insensibilidad puede ser el síntoma de una serie de enfermedades. Los dedos de una mano que en su parte superior están más abultados y redondeados (como palillos de tambor, que así se los llama) dan una pauta bastante cercana a la realidad de que el paciente tiene problemas circulatorios y puede tenerlos, también, de tipo arterial. Y así siempre.

Los médicos son maestros en este tipo de "adivinación" que no es tal, sino un elemento más nacido de su propia experiencia —y a veces la de siglos atrás— que les indica un camino. Después aplicarán todo lo que saben y es allí donde surgirá la verdad.

Insisto, recalco y aburro con tanto machacar sobre lo mismo, pero es importante hacerlo: hay gente con poderes que les permiten tener premoniciones, pero siempre de manera involuntaria. Es el caso de las psicografías de Elena Valdez o de Solari Parravicini, el de Jean Dixon y otros sensitivos, el del señor O´Connor y algunos ejemplos notables que siguen a continuación y donde a veces se mezcla la precognición con la astrología o el misterio liso y llano.

Ya forma parte de la historia el hecho de que Adolfo Hitler contaba con un grupo de personas con ciertos poderes, entre los que había también astrólogos muy reputados, a los que consultaba con frecuencia. También se sabe que aquellos hombres le habían anunciado un desastre que comenzaría con un desembarco aliado en la zona de Normandía pero que, por primera vez, Hitler desoyó a sus "consejeros especiales" y estuvo de acuerdo con la mayoría de sus generales en que no podía ser ése el lugar del ataque por muchas razones de tipo estratégico. El desembarco aliado se produjo y fue, en efecto, en Normandía. A partir de allí todo cambiaría para el hombre que había prometido un imperio de mil años de duración.

Pero no fue el único en el mundo de la alta política que recurrió a personas con poderes fuera de lo común. En esa misma época se sabe que el primer ministro inglés Winston Churchill consultaba a menudo a una vidente muy famosa por entonces llamada Berta Harris. Una mujer muy singular teniendo en cuenta que se afirma que el general Charles De Gaulle era otro de sus clientes, pero con características aún más asombrosas ya que se dice que el notable francés y la mujer compartían momentos en los cuales ambos gozaban de clarividencias. De Gaulle estaba obsesionado por la idea de morir en un atentado, por lo que consultó también a otro famoso astrólogo, Alex Dahn. El hombre le aseguró que no ocurriría nada de eso, que sería presidente de Francia y que moriría por causas naturales. Y así fue. Es ya tradicional el relato que cuenta que, durante la reconquista de París, De Gaulle caminaba erguido en su elevada estatura en medio de un feroz tiroteo, mientras sus compañeros se defendían en posición de cuerpo a tierra, sin que una sola bala rozara siquiera al imponente general, como si alguna fuerza especial lo estuviera protegiendo. Tal vez por esos poderes que se le adjudicaban fueron más de una docena los videntes que pronosticaron con exactitud el año de su muerte, 1970.

Se dice ahora que Joan Quigley fué la astróloga que durante años aconsejó al presidente de los Estados Unidos, Ronald Reagan y a su esposa Nancy. Es la misma que, en julio de 1990, vaticinó que Mijail Gorbachov tendría serios problemas con el ejército soviético, cosa que ocurrió de manera puntual no mucho después.

Más lejos en el tiempo, Abraham Lincoln tuvo un sueño premonitorio en el cual era asesinado. Lo contó a sus más cercanos, pero sin darle real importancia. Poco después un tiro en la nuca acababa con su vida.

Hay una considerable colección de casos en los que la premonición de uno o de varios se cumple de manera inexorable. Y los hay de tipo colectivo que rodean a este fenómeno de un clima aún más misterioso. Entre los más impresionantes y conocidos hay dos que se destacan.

• El *Titanic* partió del puerto inglés de Southampton con rumbo a Nueva York, pero nunca llegaría a completar aquel viaje inaugural y último ya que —a pesar de la publicidad previa que gritaba a los cuatro vientos que aquélla era una nave insumergible— naufragó, luego de chocar con un iceberg, a las once y veinte de la noche del 14 de abril de 1912, muriendo 1513 personas en el terrible accidente. A su bordo viajaba un famoso periodista especializado en hechos misteriosos, llamado William Stead. El hombre había tenido un sueño en el que se anunciaba el desastre, pero prefirió restarle importancia y sólo lo contó como algo gracioso a un grupo de amigos. Fue una de las víctimas. Pero, más asombroso aún, es otro hecho ligado a este desastre: desde un par de semanas antes de la partida del *Titanic*, la compañía naviera White Star —dueña del coloso— recibió el anuncio de más de 200 personas que aseguraron haber tenido la premonición del naufragio. Prolijamente se tomó nota de aquellos anuncios, pero se los descartó ya que la nave era —como decía su publicidad— "insumergible". La historia demostró que aquellos dos centenares de personas no se habían equivocado, lamentablemente.

• John F. Kennedy es asesinado en Dallas el 22 de noviembre de 1963. Ya les conté el caso de Jean Dixon, que incluso sintió que aquello ocurriría muy pocas horas antes. Pero no fue la única. Tal vez con menos precisión de fecha y lugar, pero con la certeza de que el presidente sería asesinado, hubo nada menos que unas 40.000 personas que llamaron a la Casa Blanca, al Congreso, al FBI y a otros organismos nacionales de los Estados Unidos, para advertir el magnicidio. Los llamados, cartas y presentaciones personales comenzaron a caer como una catarata desde un mes antes del atentado. En aquel momento nadie les prestó la menor atención.

Como seguramente les ocurre a ustedes, me apasionan los casos donde luego el tiempo demuestra que las premoniciones estaban acertadas. Pero no puedo ni debo cometer el error de caer subyugado por los aciertos y desconocer los errores. Sería injusto con ustedes y conmigo mismo. Por eso, ante esas "pequeñas manchitas" en los vaticinios de Solari Parravicini, lo razonable es contarlas aquí y consultar con alguien con mayores conocimientos sobre el tema. De allí que me puse en contacto con Alba Cabobianco, de quien ya dije que se trata de una Licenciada en Psicología con la mente muy abierta y los pies bien en la Tierra. Una profesional que sabe de qué está hablando. Su explicación fue simple, directa y clara:

*"En los casos de precognición hay que tener en cuenta muchas cosas. A veces, lo que el dotado expresa es muy claro y no necesita mayores análisis. Pero, en otras ocasiones, puede estar "sabiendo" que ocurrirá un hecho que suena apocalíptico pero que en realidad lo es en forma parcial. Por ejemplo, alguien podría haber pronosticado una especie de fin del mundo antes de 1945. Esto no ocurrió, claro, pero sí sucedió que en ese año fueron lanzadas las bombas atómicas en Hiroshima y Nagasaki y —para los que sufrieron aquello— eso fue un verdadero apocalipsis con el que el mundo ni soñaba en la peor de sus pesadillas. Es decir que el pronosticador cuenta que ocurrirá algo terrible, tan terrible que visualiza un desastre global. Si a vos te hubieran mostrado en 1944 una película de Hiroshima, casi no hubieras tenido dudas de que lo que veías era el fin del planeta. Fue algo espantoso, ¿quién puede decir lo contrario? Pero fue un hecho parcial... También puede darse otra situación: la de un hecho potencial. Imagináte que vos estás en la azotea de un edificio alto y desde allí ves, abajo, una ruta de una sola mano. Desde esa altura ves cómo un auto avanza a una gran velocidad desde la izquierda, por esa ruta. Y ves, también, a otro que corre desenfrenado desde la derecha. El choque frontal, desde tu lugar de observación, es algo inevitable. Vas a sentirte muy mal sin poder hacer nada ante aquello que va a suceder. Y es en ese momento cuando ya no estás más en la azotea y no sabés lo que pasó. Alguien con auténticas posibilidades de precognición puede tener la visión tuya de la azotea pero con respecto al mundo o a una persona o país determinado. Lo que siente y de alguna manera visualiza es que se va a producir algo terrible ya que todo indica que así será. Pero, sin embargo, volviendo a tu ejemplo de la azotea alta, uno de los dos autos puede lanzarse a la banquina o los dos pueden fre-*

*nar o uno de ellos volcar hacia un costado sin chocar con el otro. Mil cosas. Y aquello que vos dabas por seguro —porque así lo estabas viendo— no se va a producir. Lo mismo sucede con el que anuncia un hecho que sólo él ve como irremediable pero luego "algo" hace que ese hecho no ocurra...*

*Allí y por estas razones es cuando se dan las fallas en algunas premoniciones. Es obvio que estamos hablando de precogniciones serias y no de las otras, que ni siquiera merecen calificación..."*

La cosa empezó a tener mejor color luego de esta explicación de Alba. Y es cierto, no más. ¿Quién puede saber cuántas veces, a lo largo de los últimos treinta años, hemos estado a punto de volar por el aire porque alguien casi comenzó una guerra nuclear? ¿Cuántos jerarcas de uno y otro lado de la ex Cortina de Hierro habrán insistido con énfasis en atacar al otro cuanto antes? Más de una vez habremos estado comiendo alegremente, durmiendo como ositos de peluche, jugando al ping-pong o riéndonos por un chiste en el exacto momento en que —muy lejos de allí— se discutía si usar o no armas atómicas en Vietnam o en la Bahía de Cochinos o, incluso, en Malvinas. Pero uno de los autos se fue a la banquina o volcó saliendo del camino y salvándonos del choque. Esto no quiere decir que todo el peligro haya pasado. Aún hay almacenadas en el mundo la suficiente cantidad de armas nucleares como para reventar inexorablemente y sin dejar rastros a por lo menos unos cuarenta planetas como el nuestro, pero las perspectivas son mejores que hace una década, nadie puede negarlo.

La otra duda era la del "cataclismo, fin de finales, cristianos en catacumbas, en 1982". Eso de "fin de finales" suena a se acabó todo, apaguen la luz que terminó la función, el mundo se va por la cloaca, llegó el día del juicio y todos a comprar patas de conejo para tener suerte cuando nos toque el turno de ser juzgados. Pero Alba le dio una interpretación mucho más lógica:

*"Fin de finales o cualquier otra frase por el estilo no tiene que significar exacta y precisamente "fin del mundo" tal como lo hemos imaginado siempre nosotros. El mundo cumple etapas de cierta duración y al comenzar una nueva es obvio que es el fin de la anterior. Se trata de cambios de conciencia en el hombre. "Fin de finales" puede ser un cambio de conciencia tan profundo y positivo como para ser el último, tal vez. Ya ves que esas palabras que suenan tan aterradoras pueden ser justamente lo contrario, muy alentadoras. No sólo puede no tratarse de una destrucción terminal, que es en lo primero que la mayoría piensa ante palabras como ésas, sino que puede ser el principio de una construcción inicial..."*

Es tranquilizador, sin dudas. Me queda sin resolver lo de la fecha, 1982, aunque con estos parámetros y recordando toda la época de Malvinas y de los centenares de muchachos queridos que allá quedaron es muy grande la tentación de asociarlo. Incluso llevar las cosas más allá (advirtiendo que esto es una mera interpretación personal) y pensar que los valientes que allá lucharon tenían como símbolo miles de rosarios (cristianos) y se aterían de frío defendiéndose en las que llamaban "cuevas de zorro", las trincheras. Casi una catacumba. Pero no me hagan caso. A veces el amor y el dolor juntos pueden hacer que la imaginación estalle con inusual potencia.

## EL FUTURO EN EL PASADO

En cuanto a la historia de las premoniciones, la cosa viene de bien lejos y variada. El hombre ha deseado, desde siempre, conocer algo más de su propio futuro o tener a mano algo o alguien que lo ayude en sus decisiones. Los griegos contaban para eso con el famoso oráculo de Delfos, un sitio desde el cual se supone que sus dioses aconsejaban a su pueblo. En realidad, quienes "interpretaban" aquellos consejos eran los integrantes de un grupo místico que solía apoyar a los gobernantes de turno. Una cosa era dar un decretazo feroz y otra ampararse en el oráculo, diciendo que aquello era una decisión de los dioses. En el templo de Delfos había una grieta natural de la que, en una época del año determinada, salía impulsado al exterior una suerte de gas helado y de facultades embriagantes. Allí, debajo justo de esa grieta, se sentaba a la sacerdotisa, a la que se daba el nombre de Pytia. De ese nombre nos llega a nosotros el de "pitonisa" para designar a toda aquella mujer a la que se supone con poderes para anunciar el futuro. La tal señora entraba en convulsiones y emitía unas palabras que bien podían haber sido puteadas dirigidas a los que la pusieron allí. No se sabe, ya que los únicos que interpretaban ese idioma ininteligible eran los dueños del poder místico-político. Se le preguntaba algo, la dama envuelta en aquel gas helado y casi barbitúrico refunfuñaba algunas cosas y los "entendidos" aseguraban tener la respuesta. El oráculo dejó de funcionar en el siglo IV de la era cristiana, siendo clausurado para siempre. Las mujeres que podían haber sido elegidas como pitonisas estaban más que contentas con el cierre del lugar, ya que la mayoría de las que habían pasado por allí murieron a temprana edad después de algunas de aquellas sesiones. Y no del todo cuerdas.

Los antiguos romanos también tenían sus propios oráculos, a los que agregaban una práctica feroz y despiadada de "conocer" el futuro: llevaban a cabo sacrificios humanos y los sacerdotes de tan repugnante acción decían "leer" en los órganos expuestos de la víctima los acontecimientos futuros.

La religión judeo-cristiana fue mucho más humanitaria. Entre los hebreos se utilizaba en la antigüedad una suerte de mesa sagrada sobre la que reposaban las 22 letras de su alfabeto. Mediante un curioso método de agujas que señalaban letra a letra, recibían el mensaje que hablaba del futuro. También consultaban asiduamente la astrología, algo indudablemente más razonable y hasta certero cuando se trata de anticipar tendencias. Los primeros cristianos, por su parte, no tenían la menor predilección por buscar métodos para saber el futuro. Por un lado, porque su presente era lo suficientemente azaroso y complicado como para dedicarle tiempo a otra cosa y, por el otro, porque buscaban sobre todo diferenciarse de las religiones paganas rebosantes de distintos dioses así como de profecías.

## EL MARAVILLOSO MUNDO DE LOS SUEÑOS

Muchos de los pronosticadores han recibido sus mensajes durante el sueño. El acto de soñar no es solamente una cualidad del hombre sino de todos los animales de sangre caliente. Un león, un canario o el perro que tenemos en casa sueñan (vaya a saber uno con qué cosas) en el momento de llegar al estado más profundo de reposo. El ser humano lo hace durante un 20% aproximadamente de ese estado. Todos soñamos. Hay muchos casos en los que las personas no recuerdan nada al despertar, pero han soñado. El sueño es un alimento de la psiquis de la misma manera en que la comida lo es del cuerpo. Es imprescindible. Y todos los sueños provienen del inconsciente, que se desata y sale por ahí a hacer de las suyas libremente cuando el consciente baja la guardia y duerme profundamente. Allí, en el inconsciente, se guardan enormes cantidades de sensaciones de las que, por lo general, no tenemos la menor idea mientras estamos despiertos. Pero están. Son como una bolsa gigantesca llena de juguetes, algunos peligrosos, otros casi mágicos, que van saliendo para cubrir nuestras necesidades. Si un ser humano no soñara, si no sacara de su inconsciente algunos juguetes cada noche, simplemente se volvería loco por completo. En la vigilia reprimimos muchas sensaciones por un millón de motivos: la educación, la ley, el bien común, la religión, el respeto, las costumbres, etc. Actúa el consciente, al que manejamos. Durante el sueño todo puede ocurrir, lo más bello y lo más aberrante. Nada puede ponerle freno al inconsciente, que es una suerte de válvula de escape de la mayoría de las represiones. El sueño cura. Y ayuda. Es posible que a muchos de ustedes les haya ocurrido dormirse pensando en un problema y a la mañana siguiente despertar con la solución. Incluso hay en la historia casos notables y notorios.

*Napoleón aseguraba, a quien quisiera escucharlo, que muchas de sus estrategias guerreras se le aparecían con una asombrosa claridad en sus sueños. Lo mismo ocurría con el devastador e imbatible Gengis Khan, que seguía al pie de la letra los dictados de su inconsciente, aunque —por supuesto— en aquellas épocas no tenía ni la más remota idea de lo que significaba esa palabra. Lo cierto es que se cuenta que este guerrero soñaba con exactitud increíble su próxima batalla, que se daría luego tal cual en su vida activa. El danés Niels Henrik Bohr fue un físico que persiguió por años los datos que encajaran perfectamente en su teoría sobre los átomos. Esos datos se le aparecieron como si nada durante un sueño. Puso aquellas piezas de rompecabezas en los lugares vacíos y vio que coincidían absolutamente. Esto le valió ganar el Premio Nobel en 1922. Pero no fue el único laureado con semejante distinción gracias a un sueño. Algo prácticamente idéntico le había ocurrido al médico y químico alemán Paul Ehrlich, el hombre que descubrió la forma de combatir la sífilis y que dio los primeros pasos —fundamentales— para lo que luego sería la quimioterapia. Ehrlich desa-*

*rrolló una teoría llamada "de las cadenas laterales", que es un punto clave en la inmunología. La soñó, simplemente, durante una noche de profundo reposo. Por su descubrimiento ganaría el Nobel de Medicina en 1908. En cosas menores pero muy prácticas también se dio el fenómeno. A mediados del siglo XIX un hombre llamado Eliah Howe había trabajado mucho para concretar un invento que revolucionaría a la industria y lo haría millonario: la máquina de coser. Pero tenía un inconveniente que parecía insalvable en el diseño de la aguja. Una noche soñó que estaba rodeado por caníbales cuyas lanzas, curiosamente, tenían un extremo agujereado de la exacta manera en que debía aplicarlo luego en las agujas de sus máquinas. Dio resultado. También parece ser que le daba resultado buscar soluciones durante el reposo a Tomás Alva Edison quien en varias ocasiones contó que, al apoyar la cabeza en la almohada, dirigía sus últimos pensamientos de vigilia al problema que en ese momento lo acuciaba, encontrando la solución o el principio de ella al despertar.*

Todos estos casos —y muchos otros— no tienen nada de misterioso. Se trata, sencillamente, de esa liberación del inconsciente que sigue trabajando aun cuando nosotros descansamos. Es un proceso natural y por completo normal. Cada uno de los personajes que dimos como ejemplo fueron "cargando" al inconsciente con datos y, al soñar, esos datos se fueron acomodando para armar el rompecabezas.

Lo distinto, lo asombroso, es cuando en el sueño aparecen imágenes de un hecho que luego se verá en la realidad. Allí sí se trata de precogniciones y la explicación se desinfla y desaparece como la carpa de un circo cuando la desarman.

Elio Ariel Manzano tiene 29 años, está casado con Liliana desde hace tres, estudia ingeniería en sistemas de información, vive en Godoy Cruz, provincia de Mendoza, y trabaja allí en **YPF** como inspector de control de calidad. En 1988 publicó por su cuenta, con los ahorros de su madre, un libro al que llamó *Sueños del futuro*. Una edición de apenas 100 ejemplares donde relata de manera interesante y apasionada sus propias experiencias paranormales que vive desde la infancia. He tenido la suerte de ser uno de los pocos elegidos en contar con una copia de ese libro, que me enviara Manzano con un cariño que agradezco. Para tener una idea de cuál es el objetivo central de aquellas páginas, basta con reproducir un fragmento de la dedicatoria:

*"A quienes sientan en sus corazones ese impulso divino de ayudar al prójimo.*

*A quienes oigan en su ser esa "vocecita" guiándolos más allá de lo comprensible.*

*A quienes, sin saber por qué, presiente un cambio radical en el mundo.*

*A quienes comprenden la verdadera magnitud que tiene el Amor del Supremo Creador, Nuestro Señor, al que debemos dirigir nuestras súplicas y nuestro agradecimiento...".*

Sin ninguna duda, yo me sentí como uno de esos fulanos y lo quise a Elio Ariel Manzano sin haber hablado aún con él, cosa que ocurrió después. Hay una extraña y silenciosa hermandad entre los que apostamos a todas esas cosas, algo misterioso que hace que sintamos como si nos conociéramos de toda la vida.

En lo único en que no encajaba con Elio era en un cierto tono apocalíptico que creía advertir en algunos tramos del libro. Me lo aclaró su autor cuando hablé con él:

—No se trata de que sea apocalíptico sino que, bueno, de no cambiar nuestro rumbo la humanidad podría caer en algo así como una tercera guerra... Creo que ahora estamos cambiando con las reuniones a nivel mundial para hablar sobre el desarme y el desastre que sería una guerra atómica... De todas maneras, nunca pensé que todo esté perdido. No es apocalíptico ni la humanidad se va a perder... Yo no digo eso ni mucho menos. Lo que sigo afirmando es que hay gente que no se dedica precisamente a eliminar las armas y eso ya se sabe adónde nos llevaría... Pero no, el mundo no se va a perder...

Elio lleva una suerte de diario personal donde anota, entre otras cosas, sus sueños. Con fecha 21 de octubre de 1983 un texto cuenta uno de ellos. En él se veía a sí mismo reservando una mesa en un restaurante mendocino. Sale a la calle y ve a sus invitados (su familia) en la vereda de un banco, muy iluminada. Los llama sin que lo escuchen. Al volver al restaurante, su mesa está ocupada y, al salir otra vez a la calle, se oscureció por completo aquel iluminado lugar donde estaban los suyos a los que ya no podía ver. Notó afuera un gran nerviosismo y gente que corría como huyendo de algo. De repente se sintió dentro de una vieja bodega vacía. Abrió el portón y allí vio con espanto que casi la totalidad de esa zona de la ciudad (el departamento de Godoy Cruz) estaba destruida, era una pila de escombros. Caminó entre ellos y en un lugar vio, atrapados por el derrumbe, los cadáveres de dos hombres que vestían largas sotanas. Llega hasta su casa, a la que ve intacta y frente a ella una camioneta donde cargaban muebles. El panorama era desolador, con casi todas las casas destruidas. Piensa, en el sueño, que es raro que su casa —de adobe— se haya mantenido en pie. Alrededor todo era ruinas. Fin del sueño.

*Catorce meses después, en los primeros minutos del 26 de enero de 1985, Elio miraba en la tele un programa de trasno-*

che. *Su perro Halcón estaba muy inquieto y era notorio que le costaba respirar. Miraba a Elio con ojos que parecían de súplica. Lo acarició, le habló con afecto, le dio una medicina para abrir sus vías respiratorias. Lo curioso es que en ese mismo momento se escuchaban aullar de manera inusual a todos los perros del barrio. Era de madrugada cuando Elio decide descansar. A las ocho de la mañana se produce el terremoto. El relato que sigue es textual, con sus propias palabras, rescatando los párrafos más significativos de lo que él cuenta:*

"...Oigo un ruido, como de una explosión. Toda la casa cruje y se mueve de una manera impresionante. Me incorporo en la cama y trato de pararme. Tanto el grabador como el velador caen al suelo, pero la lámpara no se rompe y puedo ver como una de las paredes se parte. Luego, todo queda a oscuras en la pared de enfrente, donde está el comedor...":

*En su sueño la acera de enfrente del restaurante (un comedor, también) se oscureció de pronto, como aquí.*

"Corro hacia la puerta de dos hojas, la que da a una galería abierta, a un gran patio embaldosado que se ondula y "ronronea" muy fuerte. Mi hermanito grita de miedo y mi madre pregunta si estoy bien. Del lado opuesto siento las mismas preguntas por parte de mis abuelos. Con todas mis fuerzas grito desde la puerta: '¡A los marcos, a los marcos! ¡Quédense debajo de los marcos!' —pero un ruido ensordecedor anula mi voz. Las paredes estallan, tal parece que una ha caído, quizás la del hall, ¿o una del cuarto de mis abuelos?..."

*Durante su sueño Elio llamaba a su familia que estaba en la vereda de enfrente, pero no lo oían. Esa mañana del 26 de*

*enero en que se desató el terremoto también gritaba pero el ruido
ensordecedor anula su voz.*

*En su relato cuenta que luego, poco a poco, fueron llegan-
do débilmente las voces de sus familiares a quienes seguía sin
ver. Advierte que el techo se había desplomado y la atmósfera se
hacía irrespirable por el polvo que se levantaba de los escombros. Se reúnen todos, finalmente, para salir a la calle. Allí,
como en su sueño, la confusión era grande y la gente, llena de
nerviosismo, corría sin saber adónde. Consiguieron refugio y
pasó así toda la noche. A las seis de la mañana del día
siguiente ya había luz. Se entera por la radio de que el epicentro
del terremoto había sido Villa Marini, Godoy Cruz, el lugar
donde vive y el de su sueño. La intensidad había sido de 7.8 en
la escala Mercali, en la cual el máximo es de 12 puntos. Todo
era una pila de escombros. De los 6 muertos registrados, dos
eran sacerdotes, como en su sueño. Elio recorre lentamente el
vecindario. En él su casa parecía estar en pie, asombrándolo
porque la sabía hecha de adobe. En la realidad también parecía
estar en pie, casi sin daños, al ver su frente. Pero cuando Elio
lo traspuso vio que el interior estaba casi por completo destrui-
do, con techos y paredes derrumbadas. Al salir, una camioneta
llegaba y comenzó a cargar los muebles. Era exactamente igual
a la de su sueño, donde cumplía la misma tarea.*

En otra ocasión, la noche del 12 de noviembre de
1985, Elio Ariel Manzano tuvo otro extraño sueño. Así
lo cuenta:

"Estoy en un edificio de unos cuatro pisos. La gente se cruza conmigo y baja desesperadamente las
escaleras. Por su acento creo que me encuentro en
México, Venezuela o Colombia. El piso tiembla y
las viejas paredes se agrietan, partiéndose. Sin
embargo, subo al techo. El cielo está lleno de
humo y hay un griterío ensordecedor. Salto a azo-

teas vecinas y bajo por otro edificio porque ese por el que subí se desploma. Las calles están obstruidas por montañas de barro. La gente llora desconsoladamente."

Apenas unas horas después de aquel sueño, el 13 de noviembre de 1985, el volcán Nevado del Ruiz entró de pronto en erupción. El lodo y la lava arrasaron a la ciudad de Armero, en su falda, sepultando gran cantidad de casas y a 20.000 personas. La ciudad de Armero y el volcán Nevado Ruiz son parte de la geografía de Colombia, donde la gente habla con ese acento tan cantarino y aromonioso que Elio escuchó en su sueño. El mismo se pregunta si aquello fue una mera coincidencia, un viaje astral en el que se desprendió de su cuerpo para llegar a ver lo que luego ocurriría o una premonición onírica inexplicable.

Hubo otros sueños. Algunos de ellos con marcadas señales de belicismo, de guerras. La mayoría de ellos se produjeron en el año 1983. Este dato me empujó a preguntarle a Elio si no era posible que en esos casos hubiera estado influido por los sucesos de Malvinas que eran tan recientes y, en especial, teniendo en cuenta que él por entonces tenía 19 años, la edad de un soldado.

—Yo no viví lo de la lucha y eso, porque me salvé del servicio militar, pero es posible que haya estado influenciado por el clima que se había vivido, sí.

No está de más aclarar esto —tanto él como yo— como para no caer en "la fácil", pero falsa, de contar nada más que lo que fueron verdaderos aciertos premonitorios. Tampoco quise dejar pasar la oportunidad de preguntarle sobre Argentina, si es que había soñado con ella.

—En algunos sueños he visto lugares de la Argentina que parecían como del futuro... Un paisaje espectacular, una ciudad hermosa, que me da la esperanza de que nosotros vayamos a sobrevivir. Argentina sí, al menos eso te lo puedo asegurar. Yo estoy totalmente de acuerdo en que Argentina es una tierra bendita, digamos...

—Elio, de tu libro se desprende, para sintetizar, que lo que tenemos que hacer es aprender a amar en serio o estamos embromados.

—Sí, es eso.

—Ya pasaron cuatro años desde que lo escribiste, ¿seguís pensando lo mismo?

—Ahora más que nunca.

Para algunas precogniciones hay una explicación racional, queda dicho: datos del inconsciente, observaciones de lo físico o lo que expresa aquel a quien se le vaticinan cosas, análisis de varios hechos del presente que aparentan derivar en una determinada situación y algunas otras causas más. Luego está el fraude, liso y llano, que suele buscar dinero y poder terreno (o ambas cosas) usando al asombro y la ingenuidad de las personas. Estos casos, por supuesto, no figuran aquí. Ninguno de los mencionados ha ganado o gana nada con sus experiencias. A nadie, entre ellos, se le ocurrió formar una secta ni cosa que se le parezca. Más aún, puede decirse que todos ellos son personas religiosas que no se apartaron de sus creencias. En una tercera categoría se puede ubicar a aquellos que, lamentablemente, sufren algún tipo de alteración mental y que —aun cuando no busquen daño en los demás y estén convencidos de lo que cuentan— son perniciosos para los que les creen. A lo largo de esta investigación periodística me topé con algunos de este último tipo. Pero, como se los detecta con cierta facilidad, no aparecen tampoco en estas páginas. Les aseguro que determinadas premoniciones, dadas con nombre y apellido de quien las emite y con todos los datos de quienes las sufrirán (algunos personajes muy famosos y encumbrados) son tan espectaculares como para promover este libro por ellas solas. Pero publicarlas sería entrar en un juego sucio (el de aprovecharme de esas grabaciones) que podría salpicar a los otros casos que seleccioné —espero— con una prudencia y dedicación propias de un franciscano. Prefiero olvidar lo atractivo de esas especulaciones por lo apasionado de las reales.

Por último, están las premoniciones que no tienen ninguna explicación.

Al menos no tienen una explicación racional. Es asombroso y alentador que prácticamente todas ellas anuncian un futuro venturoso para el mundo y, en especial, para la Argentina. Dadas muchas circunstancias de hoy no es demasiado sencillo aceptar tanta buena nueva. Por momentos pareciera que el mundo apesta. Sin embargo, hay cambios que se notan. Y no hay que olvidar que a la tierra se la abona con excrementos de animales para que luego nazcan de ella flores bellísimas o alimento para el hombre. Hace mucho, mucho, que venimos desparramando caca. ¿Por qué no pensar que estamos en el umbral de un florecer hermoso?


Siempre en el terreno de las profecías, ustedes habrán oído hablar en más de una ocasión de aquellas que vaticinan el fin del mundo. Casi no merecen aparecer aquí, pero dediquémosle un capítulo para poner en claro algunas cosas. Pueden saltearlo, si lo desean, pero francamente no creo que lo hagan. La atracción por este tema suele ser tan grande que no se van a tomar ese descanso que tenían pensado después de un capítulo largo como éste que está terminando. Van a husmear ya mismo en el que sigue. Miedosos. Vayan no más a leerlo que, después de todo, para eso lo escribí.

## ONCE

# Las profecías del fin del mundo

*Las veces en que se anunció el "fin del mundo". Las profecías más famosas: San Malaquías y Nostradamus. Su análisis en profundidad. Las sectas y el miedo.*

A principios de julio de 1960 varios grupos de personas iban llegando, como en una silenciosa y triste peregrinación, a la falda del Monte Blanco, en el Valle de Cormayeur, en Francia. Los habitantes de ese lugar no alcanzaban a comprender de qué se trataba aquello. Los hombres y mujeres que no tenían precisamente la actitud de un alegre turista acampaban en los bajos de la ladera a la espera de algo. ¿De qué?, se preguntaban los lugareños. ¿De qué? Un hombre los nucleaba, era su líder, aquel que los había convocado. Luego se supo que se trataba de un médico pediatra italiano llamado Elio Bianca, mucho más conocido por aquellos lánguidos personajes con el nombre de "Hermano Emman". Cuando empezaron a llegar los periodistas, la gente del lugar se enteró por ellos del motivo de la convocatoria: el Hermano Emman, jefe de una secta espiritista, había anunciado a sus seguidores —en un alarde increíble de "precisión"— que el 14 de julio de 1960 a las dos menos cuarto de la tarde, hora local, llegaría nada más y nada menos que el fin del mundo. Lo curioso es que la noticia se filtró a casi todo el planeta y apareció en todos los diarios de la época aunque, hay que reconocerlo, sin darle mayor crédito y con un cierto tono de sorna en la mayoría de los casos. Sin embargo, otros lo tomaron un poco más en serio, preguntándose si, después de todo, el anuncio no sería cierto. Esta pregunta, esta sola duda, provocó una sensible angustia en mucha gente durante los días previos al fijado. El hombre teme desde siempre ese último minuto de la humanidad en el cual los vaticinios auguran las mayores catástrofes jamás imaginadas. En las horas previas a la anunciada como última el pánico se extendió lenta, silenciosa pero eficientemente por algunos lugares de la Tierra. Fue necesario, incluso, que varios obispos católicos emitieran declaraciones en las que pedían calma y aseguraban que aquello no era cierto. No lo fue, como sabemos, pero el miedo (o por lo menos la desconfianza que algunos disimulaban con nerviosas risitas) gobernó hasta unas horas después de haberse cumplido el plazo. Allí todo fue una sonrisa colectiva, una suerte de gigantesco suspiro de alivio aun para los más escépticos y una burla —merecida, por cierto— hacia el Hermano Emman que en ese momento terminó, sin dudas, con su carrera de "pronosticador". Fue sólo una de las tantas ocasiones en la historia del mundo en las que se anunció el fin del mundo.

Recuerdo muy nítidamente que por entonces yo era un pequeño adolescente que, para ayudar a mis desvalidos bolsillos, organizaba bailes juveniles en salones que alquilaba a tal efecto. En esa ocasión hice imprimir en mimeógrafo un montón de panfletitos que invitaban a asistir a lo que llamaba "la fiesta del fin del mundo", argumentando que lo mejor era esperarlo alegremente. Ese sábado el salón estaba repleto y yo le agradecí íntimamente a este señor Emman gracias a quien pude comprarme unos libros que deseaba con toda el alma y me quedó dinero para festejar con amigos y señoritas afines. Como ven, no me había tomado muy en serio lo del anuncio.

También el 13 de octubre de 1736 fue una de las fechas fijadas por alguna misteriosa profecía como el día en el cual el planeta iba a desaparecer con todos sus habitantes. Si ocurrió, no me enteré. Me pregunto qué clase de androides eran esas dos personas que desde chiquito hicieron que los llamara "mamá" y "papá" y —más inquietante aún— también me pregunto a quién le estoy escribiendo esto si hace más de 250 años que el mundo no existe.

En el siglo XVI una presunta "madre" Shipton le anunció al rey Enrique VIII de Inglaterra que podía estar tranquilo ya que el fin del mundo llegaría, según su pronóstico, para 1881. No era tonta la tal Shipton. No tenía nada que perder. El rey seguramente se puso muy feliz de saber que faltaban tres siglos para aquello tan temido y debe haberla recompensado generosamente. Ella debe haberla pasado muy bien y, en el caso de que no se cumpliera su pronóstico, no estaría allí para rendir cuentas de sus dichos. Pero nadie contó con que su tonta idea pasara de boca a boca y luego de escrito a escrito hasta llegar a 1881, para terror de los que por entonces habitaban el planeta. Obviamente, no pasó nada y deben haber sido muchas las maldiciones que le llegaron a la mujer a través del tiempo, por el susto que les hizo vivir.

Hay muchas otras ocasiones y personajes que anticiparon, con diferentes fechas ya cumplidas, un fin del mundo que no llegó. Se lo anunció para el año 1370; luego para el 1412; más tarde, para el 1560, y en otra ocasión para el 1700, sólo para contar los más conocidos y que mayor impacto emocional causaron en la gente en cada una de esas épocas. Pero vamos a detenernos en las que son, tal vez, las dos profecías más famosas: la de Nostradamus y la de San Malaquías.

Dejo de lado premeditadamente el Apocalipsis de San Juan porque es un texto lleno de simbolismo, con un lenguaje cifrado que es muy difícil de desentrañar y cuya interpretación no es libre ni mucho menos, estando en manos (y en mentes) de los más avanzados teólogos de la Iglesia. Además, como si todo esto fuera poco, San Juan escribió el Apocalipsis en griego, una lengua que no era la suya. A las enormes dificultades de interpretación hay que sumar, entonces, las de traducción, lo cual nos mete en un laberinto de los peores. Baste con decir que uno de los grandes Padres de la Iglesia, San Agustín, se enojó muchísimo en su siglo V por la interpretación del Apocalipsis que sustentaba la teoría milenaria, que aseguraba que todo llegaría a su fin al cumplirse mil años de la Era Cristiana. En su obra "La ciudad de Dios" refuta uno a uno los errores originados por los intérpretes "al uso nostro" de los escritos de San Juan. Y luego se comprobó que el majestuoso San Agustín tenía razón ya que, al llegar el año 1.000 no vino de su mano el último adiós del mundo. Sin embargo, a pesar de la enorme autoridad de Agustín, el notable obispo de Hipona, los habitantes de la Tierra en el año 999 pasaron por un terrible trance que se fue acrecentando con la llegada del que suponían el año final. Es historia ya que las plazas y los templos se vieron colmados de fieles arrepentidos, que las deudas se perdonaron, los enemigos dejaron de serlo y se abrazaban llorando y muchas otras cosas más que eran increíbles por lo bellas. Cuando dieron las doce campanadas que abrían camino al 1.000 y todos advirtieron que nada pasaba, nadie recordó a San Agustín, pero sí recordaron de inmediato volver a reclamar las deudas, retornar a su habitual vida sin frenos, recuperar prolijamente a los enemigos y ser nuevamente lo que eran: humanos llenos de fallas y de miedos como nosotros hoy mismo.

## LA PROFECIA DE SAN MALAQUIAS

Malaquías O´Mongoir había nacido en el 1094 en Irlanda y a los 25 años se había ordenado sacerdote. Su vida fue un ejemplo permanente, al punto de ser canonizado mucho después de su muerte, ocurrida el 2 de noviembre de 1148, a la edad de 54 años. Además de su obra, dejó una considerable cantidad de escritos y —aquí aparece la primera gran duda con respecto a nuestro tema— no se menciona en ningún documento de esa época aquel donde se supone figuraban las llamadas "Profecías de los Papas" o *Lignum Vitae* en su lengua original. Sólo en 1595 —es decir, 447 años después de su muerte— Arnaldo de Wion las incluye en un libro suyo, atribuyéndolas a San Malaquías. Según de Wion, aquella profecía fue hallada, perdida entre otros escritos, en un polvoriento rincón de la biblioteca de la abadía de San Benito de Mantua. En rigor de verdad, jamás fueron mostrados los originales ni ninguna otra prueba de que aquello había sido obra de Malaquías. Con lo único que se contaba —y se sigue contando, ya que no hubo otro indicio— era con la palabra de Arnaldo de Wion, que era un monje benedictino y hombre de buena fe, pero que bien podía haberse equivocado o haber sido engañado por quien sea que le haya acercado aquel curioso texto. Con estos principios ya sería suficiente como para terminar con el caso, pero vamos a darle otra vuelta más de tuerca.

Ante todo ¿qué decían aquellas profecías? Se trataba de una sucesión de Papas, desde el año 1143 en adelante, sin mencionar fechas. Cada Pontífice —del que no se da el nombre en ningún caso, por supuesto— está señalado con un número y una leyenda breve que, se supone, es la que da la pista. Por ejemplo: el que figura con el número 1 se acompaña con el texto: "Ex Castro Tiberis" (Del castillo del Tíber), y los defensores de la veracidad

de estas profecías señalan que el Papa Celestino II había
nacido en la ciudad de Castello (castillo) junto al río
Tíber. Así ocurre con todos los que siguen, en número
de 111. Cada uno con una consigna o leyenda que los
identifica. Al llegar al número 111 se alcanzaría el fin de
los tiempos ya que el siguiente párrafo asegura que después de él ocupará el trono papal un llamado Pedro
Romano que asistirá al fin de fines y al Juicio Universal.
Para que se pongan un poquitín nerviosos los que desco-
nocen esta profecía, les cuento que de acuerdo a ella el
actual Pontífice Juan Pablo II sería el número 110. Por lo
tanto quedaría nada más que un Papa que cumpliría su
ciclo (no se puede saber de cuánto tiempo ya que los
hubo que reinaron sobre la grey católica por muchos
años pero también los que ocuparon el trono por algo
más de un mes, como Juan Pablo I, sin ir más lejos. Ya
sabemos que un pontífice dura lo que dura su vida).
Pero no desesperen. Muchas voces, dentro de la misma
Iglesia Católica, se alzaron hace siglos para negar la
autenticidad de estas presuntas profecías. Los argumen-
tos fueron muchos y contundentes. El padre Francisco
Carrier, en su *Historia cronológica de los Papas*, aseguró ya
en el año 1663 que estos textos atribuidos a San Malaquías eran por completo falsos y ajenos totalmente a la obra
del santo. En el 1689 el sacerdote jesuita Eladio Menes-
trier calificó el caso como de superchería que fue usada
con fines políticos, elaborando toda una teoría muy razonable al respecto pero demasiado extensa como para
reproducirla aquí. A partir de entonces, ya, comenzó a
decaer la fama de "profecía" que tuvieron esos escritos y
se dudó severamente de que hubieran sido parte de las
obras de Malaquías. Sin embargo, como todo lo misterioso, aquello perduró dándose golpes a lo largo de la historia y llegando aun a nuestros días, ya que somos los que
aparentemente estamos más cerca de ese supuesto final.
Mucho más cerca en el tiempo, el padre jesuita Oscar

González Quevedo opina rotundamente sobre el tema. El sacerdote es licenciado en humanidades, así como en filosofía. Es doctor en teología y profesor universitario de parapsicología. Un verdadero experto contemporáneo en temas de los considerados "ocultos" que admite ciertos misterios inexplicables de la misma manera en que ataca ferozmente —y con mucha autoridad— lo que sus conocimientos y estudios le permiten señalar como mera superstición o fraude.

Al mentar esto de las profecías de los Papas, en su libro *El rostro oculto de la mente* no duda en calificarlas de falsas. Afirma que es muy claro que esos escritos no se elaboraron en el año 1143 sino en el 1595, año de su publicación. Por lo tanto los breves textos que dan la pista durante esos 452 años fueron redactados cuando ya habían pasado por el trono pontificio los Papas que se mencionan. Es decir que no se predecía el futuro sino que se hablaba de lo que ya había ocurrido. Al referirse a quien considera el verdadero autor de aquello lo califica directamente como farsante y "pseudo-Malaquías", sin atacar a de Wion, ya que pudo ser cualquiera quien encarara semejante estafa universal. Agrega, por otra parte, que los lemas o leyendas breves posteriores a 1595 (donde allí sí tenían que "profetizar") se pueden aplicar a cualquiera si uno se empeña en buscarle un significado. Pone algunos ejemplos: el lema "Animal rurale" (animal campesino) señalaría a un hombre que tiene orígenes campesinos o que su cualidad mayor es la de la mera voluntad y fuerza sin demasiado intelecto, sin embargo le corresponde a Benedicto XIV que era decididamente un erudito, un auténtico sabio, sin trayectoria campestre. Los defensores de la profecía, así y todo, le buscaron una vuelta afirmando que se trataba de un hombre con gran empuje como el de un animal rural, y que fue llamado así de la misma manera en que Santo Tomás fue mencionado como "el Buey de Sicilia".

Continúa el padre González Quevedo desmenuzando el tema con ninguna piedad. Dice, por ejemplo, que lemas tales como "Pastor Angelicus" (que correspondió por esos escritos a Pío XII) era válido para aquel pontífice de la misma manera en que lo era para San Pío X, Juan XXIII y tantos otros que demostraron un carácter paternal y bondadoso. A su vez, lemas como "Varón religioso", "Fe intrépida" o "Fuego ardiente", por mencionar algunos, pueden ser aplicados a cualquiera, ya que tratándose de Papas es obvio que poseen esas condiciones. Lo cierto es que las interpretaciones a esos lemas se han aplicado a los orígenes de un pontífice, a los símbolos de sus escudos, a la manera de ser, al tiempo que les tocó vivir, al lugar donde nacieron, a algún hecho de sus vidas o a lo que fuera.

De todas formas, como para que se entretengan un poco buscando señales, les dejo los lemas de los tres últimos pontífices: al texto número 108 corresponde la leyenda "Flos florum" (Flor de flores) y le tocó a Paulo VI; el 109 está señalado como "De medietate Lunae" (de la medianía de la Luna), siendo el de Juan Pablo I; y el 110 dice "De labore solis" (del trabajo del sol o al sol) que es el que le cayó a Juan Pablo II. Por supuesto, los que siguen creyendo en esta profecía ya deben haberle encontrado una coincidencia a cada texto, pero las desconozco. La siguiente, bajo el número 111, dice "De gloria olivae" (de la gloria del olivo) y hasta este momento en que escribo estas líneas —agosto de 1992— el Papa actual goza, gracias a Dios, de buena salud, luego de la operación gastrointestinal a la que fue sometido hace cosa de un mes. Por lo tanto, se ignora a quién le corresponderá esa leyenda. Luego de él sería elegido Pedro Romano, el último. Es curioso el nombre elegido en estas polémicas profecías, ya que ningún pontífice, al elegir su nombre papal, se atrevió nunca a tomar el de Pedro, que fue el primero.

Tal vez algunos de ustedes hayan quedado un poquito asustados por estos vaticinios a pesar de todo, en especial teniendo en cuenta lo poco que faltaría para que se cumpla el último. Para descomprimirlos un poquito déjenme decirles que en estas supuestas profecías están incluidos, también, los llamados anti-papas. Fueron aquellos que, en muy lejanas épocas, se adjudicaron la condición de pontífices enfrentando a los ya existentes. Es una larga historia de cismas y luchas por el poder que sería objeto de una extensa explicación que nada tiene que ver con este tema. Pero el hecho de que estén incluidos en esta lista sí tiene que ver (y ahí viene el alivio), porque si los sacamos de ella, lo cual es lo más razonable, faltarían aún doce Papas hasta aquel señalado como el último. Si bien es un tanto arbitrario calcular cuánto duraría una docena de pontífices, sirva como dato que durante este siglo XX han sido solamente nueve hasta hoy los que alcanzaron tal dignidad. Y eso teniendo en cuenta que uno de ellos, Juan Pablo I, lo hizo apenas durante 33 días. Con estos datos como base, quedaría por delante más de un siglo hasta el último. Y esto si es que creen en la profecía, claro está. La que, por otro lado, al excluir a los anti-papas dejaría de coincidir en sus lemas como se supone que lo hace. ¿Más aliviados? Respiren profundo que seguimos.

## LAS PROFECIAS DE NOSTRADAMUS

Miguel Nostradamus nació en la región de Provenza, Francia, en el año 1503. Su familia era de origen judío pero convertidos al cristianismo. A los 26 años era doctor en medicina y lucía grandes conocimientos en lengua, filosofía, astronomía y astrología. Un joven sumamente inteligente. Se casó con Adriana de Loubejac y fue padre de dos hijos, pero una sucesión de hechos desgraciados provocó la muerte de todos ellos, dejando a Nostradamus solo en el mundo y profundamente afectado. Se convirtió en una suerte de vagabundo que deambulaba por Europa a lomo de mula. Cuentan que en una ocasión, en las cercanías de Ancona, en Italia, se topó en un camino con dos monjes franciscanos. Desmontó y dirigiéndose a uno de ellos le dijo: *"Rindo homenaje al futuro pontífice"*. La frase sorprendió enormemente al joven fraile, llamado Felice Peretti, quien le respondió con una sonrisa incrédula ya que nada hacía suponer semejante destino. Muchos años después, Peretti sería elegido Papa, adoptando el nombre de Sixto V. Aparentemente y por razones desconocidas, Nostradamus parecía tener poderes de videncias que siendo ahora inexplicables no es difícil imaginar cómo se lo veía en aquellas épocas. Ferviente cristiano y terciario franciscano, fue considerado por muchos como un buen católico con dones sobrenaturales y por otros como una suerte de hechicero. En el año 1555 comenzó a publicar lo que dio en llamar *Centurias astrológicas*, unas profecías escritas en forma de cuartetos que continuó redactando durante varios años. En ellas hay vaticinios bastante claros para el lector durante algunos de sus tramos, pero muy confusos y difíciles de entender aún hoy en otros fragmentos. Por entonces, ni hablar de lo absurdo que era para todos menciones del futuro tales como "bombas aéreas" o "máquinas voladoras". No se olviden que tamaño despropósito fue escrito a mediados del siglo XVI. Sin embargo, a pesar de todo lo bueno que hasta ahora venimos contando de Nostradamus, hay que destacar sus profundas fallas en algunos casos. Los que se encargaron de comentar las *Centurias* fueron, tal vez, agregando un poquito aquí y otro allá de sus propias cosechas de manera tal de hacer la cosa más explosiva. De allí que, por ejemplo, de acuerdo a una de esas interpretaciones, Nostradamus anticipa la tercera guerra mundial pero la da como finalizada para 1954. Menos mal. Ya pasó. Yo era tan chiquito que ni siquiera me di cuenta. Muchos han querido "descubrir" en las *Centurias* la fecha de los alrededores del año 2000 como la señalada para el fin del mundo, posiblemente influenciados por cosas como la teoría milenaria (ya que no se cumplió en el año 1000 juguémonos al otro milenio, al llegar el 2000) o lo de Malaquías que —falsamente, como vimos— podía rondar más o menos la misma época. Pero es el mismo Nostradamus el que desvirtúa la cosa ya que en uno de los prólogos a sus *Centurias* dice que se trata de vaticinios que corren desde su época hasta el afortunadamente lejano año 3797. Nuevo suspiro de alivio por parte de ustedes. Para ese año vamos a estar un tantico desaparecidos de la faz de la Tierra y uno no va a preocuparse por los de entonces, no es cuestión.

## EL FIN, PERO DEL CAPITULO

Mientras escribo esto (agosto de 1992) hay un gran movimiento periodístico alrededor del tema de las sectas satánicas. El espantoso caso de unos chiquitos asesinados en Brasil y otros que se fueron sumando van descorriendo un velo sucio y repugnante que deja ver desde sacrificios de animales hasta homicidios de menores en nombre de extraños cultos. Tiene que ver con nuestro tema ya que en el caso de Brasil —y no es el único— se utilizó el sistema de nuclear adeptos a su alrededor en virtud al miedo a ese tan mentado fin del mundo. No tengo autoridad ni poder para afirmar que no llegará nunca, pero tampoco existe nadie que tenga autoridad o poder para afirmar que llegará de un momento a otro. El padre González Quevedo (con el que no coincido en todo, aunque respeto) repite en su libro ya mencionado tres citas del Nuevo Testamento que no necesitan siquiera el más mínimo comentario. Una es de San Lucas (21:8) y en ella Jesús dice, al ser consultado:

*"Mirad que no seais engañados. Muchos vendrán en mi nombre diciendo: 'Soy yo y el tiempo está próximo'. No vayáis detrás de ellos..."*.

Otra es de San Marcos (13:4):

*"—Dinos cuándo han de suceder estas cosas...*

*Jesús se puso entonces a decirles: Cuidado que ninguno os engañe..."*.

La tercera es de San Mateo (24:36), y dice, refiriéndose al tema:

*"En cuanto a aquel día y aquella hora, nadie lo sabe, ni siquiera los ángeles del Cielo, sino solamente el Padre..."*.

No sé ustedes, pero yo, ese tipo de cosas no las discuto. En especial teniendo en cuenta de Quien vienen.

Acepto las precogniciones serias porque todo me demuestra que existen en la realidad de ciertas personas que, por alguna razón, tienen ese don. Pero el asuntillo del fin del mundo ya es otro cantar. Y la historia está llena de afónicos que intentaron entonarlo.

Eso sí: si no siguen leyendo, les profetizo el fin del mundo para dentro de un minuto. No digan que no les avisé.

## DOCE

# Volver de la muerte
# a los once años

*Las coincidencias. Un caso pleno de ter-
nura vivido por Lolita Torres. Diego, el
que pasó por una Gran Experiencia a
los once años. Su relato y sus asombros.*

Siguieron leyendo, ¿eh? De puro supersticiosos, por las dudas, nunca se sabe, no creo en las brujas pero que las hay las hay, y todo eso. Hicieron bien ya que lo que sigue ahora es asombroso pero lleno de ternura juvenil. Nació de una feliz coincidencia, palabra que elijo siempre para señalar esas cosas a las que antes llamaba "casualidades". Pocas cosas hay casuales y muchas coincidentes, sin que sepamos por qué. Antes de entrar en tema vale la pena un ejemplo.

En el programa de Mirtha Legrand y por muchas razones —ella misma, como una de las principales— la gente que comparte la mesa y la charla dice cosas que no se cuentan habitualmente en televisión. Uno baja la guardia sin advertirlo siquiera y termina confesando cosas del alma, que son las mejores. Le ocurre a la mayoría. Si uno sabe escuchar con atención se sentirá público de un strip tease de emociones en más de una ocasión. Y, a veces, de algún asombro. A mediados de este 1992 sucedió algo de eso. La deliciosa Lolita Torres contó una coincidencia de las fuertes. La llamé y me repitió el relato. Aquí está:

*"Esto pasó en el Coliseo Podestá de la ciudad de La Plata.*

213

*Estábamos haciendo nuestro concierto con todo el grupo de músicos y Antonio Agri como invitado. Esa noche, cuando llegó el momento de hacer el tema "Los pájaros perdidos", yo le hablé al público y ni siquiera ahora recuerdo exactamente las palabras que usé, pero sé que les dije que quería hacer un homenaje muy especial al autor de ese tema, a Astor Piazzolla... Hacía mucho ya que el maestro Piazzolla estaba muy grave y en otras ocasiones habíamos hecho ese tema pero nunca dedicado de esa forma especial, que yo sentía tan profundamente. Hasta el público mismo parecía acompañar con una especie de recogimiento aquel tema en aquella noche. Lo canté. Al terminar la función cenamos en La Plata y volvimos a la capital. Allí fué cuando mi esposo me dijo que había escuchado por radio que Astor Piazzolla había fallecido. Me conmovió y pregunté a qué hora había ocurrido. Me dijeron que poco antes de la medianoche de ese 4 de julio... Al día siguiente me llama Antonio Agri y me dice: Lolita, todavía tengo la piel erizada porque me acabo de enterar de la muerte de Astor y vos sabés que vos, anoche, le rendiste ese homenaje con palabras que nunca habías dicho. Fue distinto a otras veces, como cuando hiciste lo mismo en Canal 7. Anoche, en La Plata, dijiste otra cosa, a tal punto que el clima que se creó fue muy especial y el tema salió de una manera muy hermosa, muy bella. Y ahora supe que la hora en que estabas cantando el tema fue exactamente la de su muerte...". Nos quedamos los dos muy motivados, muy emocionados. Antonio me dijo: ¿Sabés qué pasa, Lolita? Astor, en ese momento, estaba con nosotros. Esa es la sensación que yo todavía hoy tengo. Creo que realmente él estaba allí, se lo sentía. Además la letra del tema parecía hecha justa para ese momento: Amo los pájaros pérdidos que vuelven desde el más allá a confundirse con un cielo que nunca más podré olvidar. Y toda la letra es así. Me quedé muy impresionada. Todavía sigo impresionada...".*

No es la primera vez que Lolita está ligada a hechos que no tienen una fácil explicación. La cosa parece

venir desde su primer berrido en este mundo. Nació
con seis deditos en una de sus manos. En ocasiones puede ocurrir y se soluciona de inmediato con una pequeña operación. Así se hizo en su caso. Luego, el médico
habló con la mamá de Lolita y le dijo: "Señora, esta
nena va a recibir en su vida una cantidad de aplausos
que usted no puede imaginar…". No hace falta destacar
que el hombre estaba acertando de una manera espectacular. Pocos deben haber recibido en el mundo tantos
aplausos como los que Lolita Torres sigue cosechando.
La cosa está en saber cómo lo supo el médico que largó
aquella frase con una seguridad abrumadora. ¿Tenían
algo que ver los seis deditos? En ese caso, ¿qué tenían
que ver? ¿El médico tuvo alguna premonición? ¿Era
vidente? No se sabe. Sólo ocurrió.

La coincidencia de la que hablaba al principio se
dio cuando yo estaba almorzando en un restaurante
con unos amigos y Diego Rimmaudo acertó a pasar por
la calle, justo frente al ventanal detrás del cual estaba
yo comiendo. Diego me vio, entró y encaró, con sus 22
años, una simpatía y una ternura que luego advertiría
que eran cotidianas en él. Cuando escribí *La gran esperanza* contaba con una gran cantidad de testimonios
pero me faltaba alguno de un caso en especial, el de
los chicos que tuvieron una muerte clínica y pasaron
por la experiencia maravillosa que era común en los
adultos. La falta fue cubierta con material de un libro
por entonces aún no traducido al español donde el
doctor Melvin Morse —prestigioso pediatra norteame-
ricano— relata solamente casos de pacientes cuyas edades no sobrepasaban los quince años. Algo muy fuerte,
en especial teniendo en cuenta que las experiencias de
esos chiquitos era la misma de los grandes, aunque
más enriquecida por su pureza y naturalidad. En los

EE.UU. hay toda una organización y varios institutos montados especialmente para el estudio de este fenómeno. Aquí era yo solito rastreando casos y no surgió ninguno en esas edades. En ese momento estaba allí, frente a mí, uno de ellos. Al poco tiempo nos citamos con Diego Rimmaudo y éste fue su relato, muy rico:

—*Lo mío ocurrió en 1982. Pero, antes de la gran experiencia, había ocurrido otra cosa que te puede interesar...*
—*Dale.*
—*Yo tuve un accidente de auto pero, un tiempo antes de eso, el tema comenzó con algo muy raro... Una noche yo estaba durmiendo y tengo la aparición de una imagen. Con una túnica blanca y muy clara, iluminada. Me cuenta, entre otras cosas, que voy a tener un problema. Dice que voy a estar mal, muy mal, a punto de morirme, pero que no tengo que preocuparme porque me iba a recuperar y después iba a estar bien...*
—*¿Qué edad tenías en ese momento?*
—*Once años... Yo me levanté medio nervioso. A la mañana desayuno con mi vieja y empiezo a contar lo que había visto. Yo, con la Iglesia, nulo. Si bien tomé la comunión y todo eso, no estamos en mi casa muy pegados a la Iglesia, ya es de familia... Le conté todo lo que me pasó a mi mamá, como te digo, sin saber bien si yo estaba despierto o estaba dormido cuando ocurrió. Lo que me llamaba la atención era que no me había asustado en ese momento. Yo te digo: si a mí se me aparece alguien de golpe yo me muero de miedo. Ahí yo tenía once años, era peor, pero sin embargo no sentí ningún susto... Al revés. Vi a esa imagen en el medio de la pieza y sentí una paz como no viví nunca... Cuando terminó de hablarme me dio la bendición y me mostró tres dedos de la mano, que después me dijeron que debía ser el símbolo de la Trinidad... Después de eso, desapareció.*
—*¿Qué te dijo mamá?*
—*Mamá se asustó porque le dije que iba a haber un problema. Después me dijo: "Bueno, vamos a la iglesia". Acá en Florida hay un montón. Ella me dijo: "Vamos adonde tomaste la*

comunión", y fuimos a la de Santo Tomás Moro... Cuando llegamos ya estaba terminando la misa, yo miro así y veo en el altar una imagen. "Esa es la que vi. Esa, má, es la Virgen que yo vi, con la túnica blanca y todo. ¿Quién es, quién es?" Mi mamá sabía menos que yo. Cuando termina la misa me acerco y le pregunto al cura, creo que se llamaba padre Pablo: "¿Quién es?". "Es la Virgen de Fátima", me dice... Empezamos a averiguar y nos enteramos que se le había aparecido anteriormente a unos chicos y que había presagiado algunas catástrofes...

—En 1917, en Portugal...

—Bueno, mucho no sé de eso... Lo que me acuerdo es que, al poco tiempo, estalla la guerra de las Malvinas, en el 82... Mi mamá lo relacionó, yo no le di mucha importancia. Después vino el accidente.

—¿Cómo fué?

—Mi mamá y yo íbamos juntos al mismo colegio, porque mi mamá es profesora de música y da clases allí, la Escuela Nº 18, Distrito 16, que es la escuela Elena Larroque de Roffo... Ibamos en el auto y manejaba mi mamá. En el Parque Sarmiento y a la altura donde sale la calle Triunvirato, un BMW vuelca detrás nuestro y empieza a dar vueltas. Mamá se asustó porque se nos venía encima, quiso salir de allí y con los nervios nos comimos una columna de frente... Mi mamá se rompió cinco costillas, mi hermano se hizo nada más que un tajito y yo, que estaba atrás, parece que me golpeé la cabeza contra un parante y ahí quedé, chau...

—Perdiste la conciencia...

—Sí. Me internaron en neurología en el Hospital Pirovano y estuve en coma por cuatro días...

—En el momento del accidente ¿tuviste alguna sensación en especial?

—No, nada. Pum, perdí la conciencia. Después me enteré que para sacarnos del auto tuvieron que entrar por el parabrisas y rescatarnos de a uno porque todas las puertas quedaron trabadas. También me enteré que me acostaron allí, en el pasto, y que cuando vino la ambulancia mi mamá le preguntaba

*desesperada a la enfermera por mí. Un fenómeno la enfermera.
Con total tranquilidad le dijo: "Y, se debe haber roto la columna"... Como para tranquilizarla ¿viste?... Mi vieja, pobre,
debía estar como loca... Eso lo supe después. Desde el momento
del choque yo quedé afuera, en coma...*

—*¿Cuándo empieza tu gran experiencia?*

—*Estando internado. Me habían hecho eso...¿cómo se llama?... Tomografía computada. Y todos los estudios que hacen
en esos casos. Uno de esos días es cuando empieza la experiencia.
Yo estoy en la habitación ésa y de repente veo... me veo yo, en la
cama. No sé cómo estaría ni nada, para mí estaba muerto...*

—*¿Desde dónde te ves?*

—*Empiezo a sentir la sensación de que me estaba despren-
diendo, me voy alejando así y me termino viendo —que es la
imagen que te puedo decir que la veo ahora— como si yo estuviera arriba, en uno de los rincones del techo desde donde
podía mirar todo... Era como un túnel desde el que yo veía mi
cuerpo...*

—*¿Cuál era tu sensación en ese momento?*

—*Mirá, ahí volví a vivir la experiencia de paz, casi igual,
que la que viví cuando vi a la Virgen. Creo que no la voy a
volver a sentir por lo menos hasta que me muera o salvo que
tenga una experiencia parecida... Nunca más pude sentir algo
así. Te juro. Mirá, yo hice meditación, hice control mental, pero
nunca más una sensación así...*

—*Además de ver a tu cuerpo ¿veías algo más?*

—*Todo. Veía todo. Veía mi cuerpo, quieto, veía a mi abuelo, veía a mi papá, estaba la enfermera también. Pero se ve que
no se dieron cuenta de que yo estaría muerto o no sé qué estaría... Porque yo no sé. Ayer estaba pensando si se podrá llegar
a dar que, por ejemplo, una persona en un estado de coma, así,
se desprenda el espíritu y se vea como yo me vi sin que todavía
esté totalmente muerto. No sé, no entiendo aunque le busque
explicación...*

—*¿En ese momento el monitor cardíaco no registró algo
anormal?*

—En ese momento no estaba monitoreado ni nada. Si pasó algo no se podían enterar justo cuando pasaba. Ni siquiera estaba en terapia intensiva, estaba en una cama en neurología...

—Pero, ¿tu estado era aún grave?

—¿No te digo que estuve cuatro días en coma? Lo mío fue jodido, no fue una boludez. Durante un tiempo después, incluso, había perdido el habla, tuve una amnesia parcial, me olvidé de algunas cosas hasta el punto de tener que volver a aprender las tablas de multiplicar cuando ya era más grandecito... En el hospital estuve unos quince días y la recuperación en casa fue de dos meses y con muchos cuidados de toda la familia, ni quiero acordarme...

—¿La experiencia siguió con algo más?

—No. Es como si hubiera llegado hasta allí y de golpe, paf, otra vez estaba en mi cuerpo. No vi muertos conocidos ni figuras de ningún tipo, no vi a Jesús, no vi a Dios, no vi a nadie. No vi a la Virgen, tampoco. Vi luz, nada más...

—¿Luz? ¿Luz sí veías?

—Mucha, mucha... Blanca, muy fuerte, pero que no me hería la vista. Eso le decía yo a mi mamá. Es una luz muy, muy fuerte, pero si yo miro al sol me quedo ciego, me duele la vista, me queda la aureola ésa. Ahí veía luz, muchísima luz, pero era hermoso, no me dañaba. Además, que yo me acuerde, no era que deseaba volver, ay, lloraba o algo de eso. Nada. Ya te digo, una paz... una paz... única. Quizá no haya palabras en este mundo para explicarte como es esto. Yo te lo cuento con los términos que usamos acá, no sé como contar eso, ¿entendés?

—La pucha si te entiendo.

—Ah, claro, es cierto. Bueno, vos sabés.

—¿Te impresiona ahora, después de diez años? ¿Cambió algo en vos?

—Me impresiona siempre. Eso de ver tu propio cuerpo es... no sé cómo decírtelo. Es extraño y maravilloso. No es igual que cuando uno se mira en un espejo, nada que ver. La imagen la veo ahora. Yo te estoy contando y estoy viendo la imagen tal cual. Fue muy fuerte, fue corta pero muy fuerte. Además no me olvido nunca de la paz, la sensación ésa... Cambiar, no sé. En algunas cosas. Recuerdo que la aparición de la Virgen me había dicho, también, que después de eso que iba a ocurrir (el accidente) yo iba a odiar a la Iglesia, a los curas, a Ella misma, pero que después se me iba a pasar y volvería. Dicho y hecho. Después del accidente odiaba a la Iglesia, era blasfemo, cualquier cosa. Y ahora, de a poco fui volviendo, pero no es un cambio brusco, ¿viste? Ah, chau, ahora soy el gran católico, soy... No, no es así. Voy de a poquito, me voy acercando de verdad. Yo, el asunto de creer en Dios es algo que no me lo saca nadie, ¿entendés?

—¿Y te acercaste más a la religión, también?

—Sí, pero eso me cuesta más...

—¿Por?

—Mirá... Estas vacaciones estaba en Mar del Plata y caminando por la calle Almirante Brown, creo que era, veo una parroquia que es de la Virgen de Fátima. Qué lindo, me digo, me voy a meter... Entré. Era un lugar enorme. Voy, rezo un poco y digo bue, me voy a confesar. Como allí había dos imágenes grandes de la Virgen de Fátima pienso: ¿qué mejor que contarle al padre que está acá lo que yo viví? Buen, cuando le fui a contar, mejor que no le hubiese contado nada. Me atendió pésimo. "Apuráte porque ya me tengo que ir", me decía. Yo le contaba y él dale con un tono de porquería diciendo: "Ah, sí, y qué sé yo, esto que el otro", mientras iba cerrando las puertas y no me daba ni cinco. Lo odié. Yo me preguntaba: "¿Y para esto vine?". Después me dejó frente a las dos imágenes de la Virgen mientras él seguía cerrando todo. Vino y me dijo: "¿Y? ¿Cuál se parece más a la que vos viste?". Yo le señalé una y el cura me dijo: "Sí, ésa es la que vino del lugar original de donde era la Virgen de Fátima. La otra la hicieron acá y no se parece tanto". Y se acabó. Chau, chau, me rajó y listo... Yo fui buscando una explicación y no encontré nada. Por eso es que... no sé, mirá.

—Por eso es que te molesta que aquel que te tenía que dar una *explicación no te la dé. Pero comprendé que por uno, dos o tres no podés juzgar a todos.*

—Sí, seguro, seguro. Pero tipos así hacen que te queden pocas ganas de acercarte. Aunque vos no seas un sacerdote, por un mínimo de respeto tratás a la gente bien. Este no sólo me atendió pésimo sino que me rajó porque estaba apurado.

—Mirá, Diego, el problema que tuviste lo tiene también la misma Iglesia. Como lo que me contás ocurrió en el verano del 92, hace poquito, no es difícil para el obispo ubicar a ese cura. Ojalá lo mande a la Antártida, siendo todo como vos decís. Pero no te apartes de algo tan importante por un fulano como ése.

—No, claro. Eso dolió, pero no me voy a apartar.

—¿No te ayudó la fe después de la experiencia?

—¿Qué te pasa? Claro que me ayudó. Cuando murió mi abuelo, al que yo quería mucho, todos lloraban, y yo lo veía diferente a como lo veían los demás. Yo sé que él, ahora, está mejor, ¿entendés?

—Sí que te entiendo. Decíme: ¿le encontrás explicación a lo tuyo?

—No. Es algo de Dios. No le puedo encontrar yo alguna explicación. Hay otras cosas que tampoco entiendo. Por ejemplo, el día en que mi mamá me lleva a Santo Tomás Moro es cuando yo vi la imagen de la Virgen de Fátima y le dije: "Es ésa", ¿te acordás? Bueno, después me enteré que era una imagen itinerante, de esas que van llevando de una iglesia a otra. El único día que estuvo en Santo Tomás Moro fue justo cuando fuimos nosotros. El único día. Después la llevaban a otro lado y así siempre. ¿Vos podés entender cómo embocamos justo ese día? Si yo le digo a mi mamá: "Mirá, mamá, vamos mañana", no la hubiéramos encontrado nunca; ¿te das cuenta cómo parece que se fuera enganchando todo? Ya te digo, hay muchas cosas que no entiendo...

—Vos me dijiste que tus dos experiencias se las contaste a muy poca gente al principio y durante años. Tu mamá, tu papá, tu amigo Fernando Piñeyro y tal vez algún otro. ¿Por qué la contás ahora?

—*Nunca lo quise contar a nadie, es cierto. Tenía miedo de que me tomaran por rayado. Después de a poquito lo fui contando a los que estaban más cercanos. Pero me fui dando cuenta de que, con la experiencia que había tenido, podía ayudar a la gente, a las personas. Y eso me parece importante. Por eso lo cuento.*

Diego Rimmaudo, nacido el 19 de agosto de 1970, flaco, movedizo, inteligente, simpático, entrador. El 24 de junio de 1982, a sus once años de edad, dio un pasito al más allá. No exagera en el relato, no inventa, no le agrega este o aquel detalle de su imaginación. Lo cuenta tal como lo sintió y he respetado cada palabra que salió del grabador para intentar reproducir su estilo juvenil y directo. Un chico que pasó por la Gran Experiencia. Una asignatura pendiente que tenía yo desde los dos libros sobre el tema. Diego no tiene poderes. Pero algún Poder actuó sobre él. Tal vez uno de los pocos que no haya entendido esto sea ese cura apurado de Mar del Plata, un verdadero espantapájaros de la fe. Un piantavotos de la esperanza. Un terrorista de la caridad. Peor para él por no saber, al menos, escuchar. Por suerte no hay tantos así. El que van a conocer en el capítulo que viene es todo lo contrario. Y lo que cuenta es mágico.

Otra: el libro ya estaba terminado. Lo que sigue, resumido, lo estoy agregando en las pruebas de corrección y porque vale la pena. Diego fue en agosto al Santuario Jesús Misericordioso. El padre Osvaldo Santagada (*"un tipazo"*) habló con él durante tres horas. Luego le escribió una hermosa carta. Y aún se interesa. Este hombre, este cura, es de los que valen. No lo conozco personalmente pero, sin dudas, representa a la otra cara, la buena.

## TRECE

# El poder de los ángeles

*El mayor angelólogo del país, el padre
Puyelli. Los ángeles, cómo son, sus apa-
riciones, los ejemplos en la Biblia, las
misas del Papa ofrecidas a ellos. El
Angel de la Guarda no es algo infantil.
El misterioso mana.*

Desde la calle llegaba un rumor confuso de autos y de gente que parecía muy lejano. Allí, en una mesa apartada de aquella confitería y restaurante de la avenida Córdoba, los sonidos más cercanos hablaban de cubiertos acomodados en una cajonera, platos que se encimaban, voces simultáneas y todo lo que anunciaba que la hora de cenar estaba a punto de darle una furiosa vida al lugar. El mundo seguía en lo suyo, mientras nosotros hablábamos de ángeles. Eso de "hablar" es sólo una manera de decir, ya que lo mío se limitaba a aprender. Mi compañero de mesa sabe contar las cosas con un equilibrio perfecto, sin pasarse de la línea de lo prudente en ningún momento, pero con una pasión que era contagiosa cuando se trataba de un tema al que —al final de la charla— sólo puedo calificar como maravilloso. Los ángeles. Si yo les pregunto a ustedes qué cosa es un ángel, lo más posible es que la mayoría me diga algo así como "una especie de bebitos con el pelo enrulado y unas alitas que les permiten mantenerse en el aire, así como se los vé en tantos cuadros antiguos". Son mucho más que eso, razón por la cual no se lo pregunté a ustedes sino a él, que es un especialista.

—¿Qué es un ángel?

—Mirá, ante todo sería bueno poner algo en claro. Cuando yo doy alguna charla sobre el tema siempre le digo a la gente que no voy a hablarles de fábulas o todas esas cosas que hablan de platos voladores o algo por el estilo. No, no, no... Vamos a hablar primero de lo que dice la doctrina. Simplemente la demostración de la existencia de los ángeles es bíblica. Si arrancáramos las páginas donde figuran los ángeles en la Biblia reduciríamos el Libro a una cosa muy pequeñita porque, tanto en el Antiguo Testamento como en el Nuevo Testamento, las menciones son permanentes... En la primera frase de la Biblia, en el Génesis, dice que en el principio creó Dios los Cielos y la Tierra. Los Cielos eran los ángeles que creó para su servicio...

—Perdón, pero, ¿qué es un ángel?, ¿cómo se lo puede definir?

—Un ángel es un espíritu purísimo que, en el mundo de lo espiritual, está al servicio de Dios. Y nos acompañan.

Quien me contaba esas cosas y algunas maravillas que siguieron después es el hombre que más sabe en la Argentina sobre el tema de los ángeles. Desde 1984 se dedicó con todo a ese conocimiento. Es un angelólogo de los mejores del planeta. Se llama Roque Puyelli, es sacerdote, ronda los sesenta y tiene un aspecto fornido, manos fuertes, cuello ancho, calva cabeza que impone. Claro que lo mejor está debajo de esa cabeza. Así como el padre Pérez del Santuario de San Nicolás me daba la sensación de estar frente a una suerte de boxeador, al padre Puyelli lo puedo imaginar sin ningún esfuerzo como un guerrero medieval, de los de yelmo y armadura, los de bravura y honor. En la actualidad es capellán mayor de la Fuerza Aérea. Es capellán de historia y letras de la Universidad del Salvador, director del Insti-

tuto de Estudios Mariológicos que él fundó y está creando la primera Academia Mariológica Argentina. Estuvo
en Malvinas durante la contienda y nunca abandonó la
otra guerra, aquella en defensa de la Fe. Tuvo espacios
en la televisión hace unos años, cuando nos conocimos.
Es apasionado, prudente, inteligente y —sobre todo—
puro.

—¿De qué manera se "mueven" los ángeles?

—Para nosotros el tiempo es hoy, mañana, pasado.
Para los ángeles no hay tiempo ni espacio. Ellos se desplazan de una manera muy distinta a la nuestra. Vos,
como padre, podés mandar a tu ángel al ángel de
Rocío, tu hija, que está en el colegio… O adonde sea…

—En este caso hablamos de lo que se conoce como
Angel de la Guarda, el personal, ese al que muchos hasta le han dado un nombre…

—Exacto. Y hay que respetar también eso. Yo, al
principio, no le daba mucha importancia. Pero después
le di un nombre a mi propio ángel… Me dije: ¿por qué
no Manuel? Manú es el maná del cielo, el que envió
Dios al pueblo judío en el desierto para alimentarlo.
Santo Tomás de Aquino llamó a la Eucaristía "Pan de los
Angeles", porque dice que es el alimento de ellos, yo
relacioné un poquito Manuel con todo eso. Y me gustó
Manuel, que además significa "Dios con nosotros", que
también tiene un significado muy grande porque cuando Cristo viene a la Tierra es el Emmanuel que viene
acá… Hay una especie de unión muy especial con el
ángel de uno cuando se llega a descubrirlo. Uno empieza a sentirse amigo de él.

*En la Biblia, en efecto, no sólo hay una enorme cantidad
de menciones a los ángeles sino que suele describírselos precisamente así, como un amigo especial, ligado a uno de una manera indisoluble. El beato Escrivá de Balaguer llega a decir, en su*

*libro* Camino, *que el ángel personal es siempre un gran "cómplice". Dice, también: "Ten confianza con tu Angel Custodio. Trátalo como un entrañable amigo. Lo es. Y él sabrá hacerte mil servicios en los asuntos ordinarios de cada día"... En los primeros años del cristianismo se tomaba todo esto con una pasmosa naturalidad. Por ejemplo, se cuenta en los Hechos de los Apóstoles que cuando Pedro es liberado de prisión va de inmediato a la casa de la madre de su amigo Marcos. Cuando la criadita anuncia que está Pedro en la puerta, los que allí estaban (sabiendo que estaba encarcelado) le respondieron a la mujer que no podía tratarse de Pedro porque estaba en prisión, y sin el menor alboroto, como algo lógico, le dicen sin susto ni sorpresa: "Debe ser su Angel". Con semejante confianza trataban aquellas gentes a los que hoy nos asombran al adentrarnos en su real existencia. Mucho antes en el tiempo, el Antiguo Testamento relata el viaje de Tobías con el Arcángel Rafael. Pero lo acompaña corporizado, sin que él sepa hasta el regreso de quién se trataba. En un momento dado de ese viaje, pescan en el río Tigris, y el acompañante le dice a Tobías que guarde la hiel del pescado. El joven no sabe para qué y se lo pregunta. "La hiel es para untar con ella al hombre que tenga cataratas en los ojos, volviéndolo sano." El padre de Tobías —llamado Tobit— estaba ciego debido a las cataratas. Al regresar de aquel viaje su hijo le unta los ojos con la hiel de pescado y el hombre recupera la vista.*

A esta altura no sería nada raro que alguno de ustedes piense que me volví loco de remate o que soy un papanatas por creer en estas cosas. Nada de eso. Estoy repitiendo solamente un par de historias del Antiguo y el Nuevo Testamento, que son —me imagino— inobjetables. No me comí una Biblia, sino que acudo a ella como fuente de la misma manera en que lo hice con tantos otros libros a lo largo de éste. En cuanto a creer en esto —que es, como está dicho, la Palabra— se me ocurre como lo más razonable mientras siga perteneciendo a mi religión. Y más allá aún: el Antiguo Testamento es la historia del pueblo judío, religión ésta que también cree desde siempre en la existencia de los ángeles. Me da una cierta bronca tener que reiterar que no hace falta ser un chupacirios para ser un hombre de fe, pero para algunos quizás sea necesario. ¿Qué es eso de los ángeles?, puede preguntarse alguien con cara de oler caca. Es curioso que cueste creer en algo tan bello, tan esperanzado, tan alentador, y a veces se recurra —sin objetarlas— a cosas tales como el tarot, los caracolitos que "leen" el porvenir, el I Ching, los pañuelos anudados, el billete debajo del plato de ñoquis los días 29 del mes, las patas de conejo, las herraduras de siete clavos, el entrar a un lugar con el pie derecho, los horóscopos de los diarios, algo colorado para alejar la envidia, una ristra de ajos en la cocina para garantizar el alimento o los mil símbolos de "la suerte" que andan por ahí. Y conste que estoy nombrando nada más que a aquellas cosas inofensivas, a las que ni siquiera juzgo. Hay otras cosas mucho más peligrosas en las que se suele creer a pesar de lo increíbles que son. Sin embargo, tengo que gastar espacio en aclarar esto porque siento que alguno puede dudar de lo que lo acompaña desde siempre, su ángel. Y me da bronca, ya lo dije. Por eso es que recurrí a Roque Puyelli, como autoridad que es, para que me ayude ya no a convencer sino a clarificar.

—¿La devoción por los ángeles es algo común?

—Fijáte, entre notables figuras de la Iglesia esa devoción es algo interesante. Por ejemplo, Juan XXIII le dice a su prima, Angela, en una carta: *"¿Sabés qué hago cuando tengo que ver a una personalidad importante? Antes de hacer otra cosa me encomiendo al ángel y se lo mando al de esa persona, para que se encuentren antes…"*. El padre Pío, que durante cincuenta años de su vida recibió los estigmas de Cristo, escuchaba a los que le contaban problemas con otros —su mujer, su marido, un amigo— y les decía: *"Está bien. Vayan tranquilos que yo les mando mi ángel a esa persona..."*. Ya te lo dije, los ángeles no tienen limitaciones de espacio y tiempo. Ellos se desplazan en el infinito mundo de la Creación...

—Roque, tengo entendido que hay distintas categorías de ángeles...

—Sí. De acuerdo a la Biblia y a los teólogos más importantes, existen nueve coros angélicos. Esto está reconocido por la Iglesia. Y está estudiado y confirmado, te voy a decir por quiénes: San Dionisio Aeropagita, Santo Tomás de Aquino, San Agustín y una enorme cantidad de hombres virtuosos que estudiaron el tema. Ellos encuentran en la Biblia nueve coros...

—¿Qué es un coro?

—Un coro es una cantidad de ángeles que cumple con una misión determinada que les ha dado Dios... Tres de esos coros están sólo y exclusivamente al servicio de Dios, por ejemplo los ángeles de los tabernáculos, los que custodian el sagrario...

*(Aclaremos, dijo Lemos: tabernáculo, que nos llega del latín "tabernaculum" que significa "tienda de campaña", es el nombre con que se denominó a esa suerte de carpas hechas con pieles y ramas por el pueblo hebreo en su éxodo por el desierto, al acampar. El tabernáculo principal era el que protegía al Arca de la Alianza, del que ya hablamos en otro capítulo. El sagrario es el lugar donde se guarda al Santísimo Sacramento).*

—¿Cómo se llaman esos ángeles?

—Se llaman Tronos, Querubines y Serafines. Son, como te digo, los que desde el principio de la Creación están para el servicio divino... Dios crea después la naturaleza y pone otros tres coros para velar por ella: Principados, Potestades y Dominaciones... Y después tres coros que velan por el hombre, que es el ser más débil: Angeles, Arcángeles y Virtudes...

—¿En qué se diferencian los que tienen que ver con el hombre?

—"Virtudes" son los portadores de lo que su nombre indica. Los ángeles de la pureza, de la humildad, de la comprensión, de cualquier virtud... Los "Angeles" propiamente dichos son los que acompañan a las personas, en todos los casos... Los "Arcángeles" son los que tienen señalada una tarea en especial, una misión determinada... De estos últimos hay quienes dicen que son siete y señalan a uno u otro como dentro de esa categoría, pero, para no meternos en la cosa misteriosa y polémica, vamos a atenernos a lo que está aprobado. Los tres arcángeles reconocidos por la Biblia son Gabriel, Miguel y Rafael...

—¿Es una coincidencia que sus nombres terminen en "el"?

—No. "El" es Dios, en hebreo... Angel significa "mensajero de Dios", "emisario de Dios"... Miguel significa "¿quién como Dios?", dejando en claro que el poder divino es el mayor, sin nada ni nadie que se le pueda oponer... Es el arcángel que conducirá, de acuerdo al Apocalipsis, a los ejércitos del Bien en la lucha final contra el demonio, que es el que se rebeló. Aquella pregunta "¿quién como Dios?" es para poner las cosas en su lugar... Gabriel significa "fortaleza de Dios" y es, por ejemplo, el que llevó esa fuerza a la Virgen cuando se le aparece para contarle que había sido elegida y le dice eso tan bello de "Dios te salve, María. Llena eres de gracia...", ya lo conocés... Y Rafael quiere decir "medicina de Dios", cuya misión queda muy clara en el Libro de Tobías de la Biblia al curar la ceguera de su padre...

*El Antiguo Testamento menciona a los ángeles como enviados, mensajeros, espíritus, miembros de la familia divina, centinelas, habitantes del Cielo y ejércitos celestes. Puede decirse que forman la corte de Dios y son enviados por El a los hombres para que, como instrumentos suyos, actúen en la historia de la Salvación.*

*Su naturaleza se define como la de "seres misteriosos, potentes, inmensamente superiores a los hombres, inmateriales, espíritus puros y tan poderosos que hasta infunden miedo.*

—¿Hay casos en los que alguien vio a su ángel?
—Vas a encontrarte con gente que te dice "yo vi a mi ángel"...
—Ya me encontré. Y muchos.

*Otra aclaración: entre la gran cantidad de personas que registro en mis archivos personales como casos absolutamente confirmados de gente que tuvo su muerte clínica y pasaron por la Gran Experiencia (el túnel, la Luz, la Paz, todo eso que yo mismo sentí) hay muchos casos en los que sus protagonistas cuentan "haber visto a un ángel" e incluso lo describen con detalles. En mis dos libros sobre el tema (Más allá de la vida, 1991 y La gran esperanza, 1992) se han publicado varios casos, en especial en el segundo, donde aparece un gran número de testimonios con nombre y apellido.*

—¿Qué se supone que siente alguien al ver un ángel, estando vivo?
—Santa Francisca Romana... Santa Angela de Foliño... Son algunas de las que me acuerdo ahora, pero hay varias santas que han tenido la suerte de verlo. Y dicen que si un ser humano ve al ángel es capaz de caer redondo... ¿Por qué? Porque la hermosura de un ángel es tan grande y la luminosidad es tanta que no se podría soportar...

*Los que pasaron por una muerte clínica y luego me contaron que habían visto a un ángel insistieron mucho precisamente en esos dos puntos: la hermosura y la luminosidad. No sintieron ningún tipo de temor, sino al contrario, pero hay que tener en cuenta que no estaban teniendo esa visión con sus ojos físicos. Salvo en el caso de los suicidas, Allí no existe el miedo ni ninguna otra sensación negativa. Es otro cantar, se los aseguro. También repitió esa gente algo que al principio me sorprendió pero a lo que luego —de tanto oírlo de diferentes bocas cuyos dueños ni se conocían— comencé a tomar como un hecho habitual: los ángeles no tenían alas, en la mayoría de los casos.*

—¿Tienen alas los ángeles?

—Algunos que son mencionados en la Biblia tienen alas, pero otros no... No son seres corpóreos, no necesitan alas para desplazarse... Es posible que la costumbre de unir a un ángel con su par de alitas haya sido refirmada por muchos pintores en sus obras... Es algo relativo...

*En las incontables ocasiones en que el Antiguo Testamento hace mención de los ángeles, queda en claro que son bondadosos, mensajeros poderosos de la voluntad de Dios, garantes de Su Bondad, combatientes victoriosos contra Sus enemigos y los del hombre, protectores de la vida corporal tanto como de la espiritual de los seres humanos y son quienes interceden por nosotros ante Dios, deseosos de escuchar nuestros pedidos en ese sentido. Se les adjudica un poder extraordinario. Pero es también en el Antiguo Testamento donde se cuenta que el demonio era uno de los ángeles de Dios.*

—Roque... Lucifer era un ángel.

—Sí, así es. Lucifer significa "el que lleva la luz"... "Fer" quiere decir "llevar"... Probablemente era del coro de los que están al servicio de Dios, de los más luminosos... El y los angeles caídos son los únicos que odian a Dios sin mezcla de amor alguno. Lo odian. Y de tal manera lo odian que la manera de vengarse, al no poder atentar contra Dios, es atentar contra la criatura de Dios, contra el hombre...

—Pero ¿por qué lo odian a Dios? No entendí nunca eso... Tampoco entendí por qué se rebelaron...

—La opinión de muchos estudiosos con respecto a este tema dice que los que se rebelaron lo hicieron por soberbia, locos por el poder que tenían sin que les importara que ese poder se los había dado Dios... Este es un tema difícil porque aquí hay posibilidades de entrar en terrenos de la fantasía y yo tengo que vivir combatiendo la fantasía no sabés hasta qué punto... Se dicen muchos disparates como si tal cosa. Por eso te digo: si yo no tengo la seguridad sobre un punto determinado no voy a opinar...

—De acuerdo, me parece muy bueno eso... Lo que yo me he preguntado, a veces, es por qué Dios permitió que algunos ángeles se rebelaran...

—Ah, eso es sencillo. Todo lo creado por Dios goza de libertad. El hombre es creado por El pero tiene el libre albedrío para elegir su vida. Si no fuera así seríamos poco más que maquinitas. Uno es el que elige. Esa libertad también abarcó a los ángeles en su creación. Un grupo de ellos, liderados por Lucifer, hicieron mal uso de esa libertad y se rebelaron a su propio creador.

—¿Se sabe cuántos eran, qué porcentaje del total de ángeles?

—No está claro. Se sabe que eran muchos. Cuando habla de los ángeles la Biblia menciona a miríadas y miríadas de ellos, es decir una cantidad no determinada pero que significa miles de miles. De aquel total tal vez la mitad fue la que se rebeló...

*En efecto, nadie puede arriesgar cifras sobre la cantidad de ángeles y la de demonios. No lo hicieron los persas, que también adoraban a los mensajeros de Dios, ni los hebreos ni los cristianos. A lo sumo se dice en el Antiguo Testamento (en el Libro de Daniel y en Hebreos) y en el Nuevo (Mateo) que son "extremadamente numerosos".*

—Roque, ¿por qué los ángeles parecen estar más cerca de los chicos?

—No es exactamente así. Lo que ocurre es que son los chicos los que están más cerca de sus ángeles. Por su pureza, su naturalidad ante estas cosas... Un ángel está siempre cerca de un hombre, lo que habría que ver es si el hombre se da cuenta y si advierte que con semejante compañero que lo ayude todo lo resultará más fácil...

*En la Biblia la misma Palabra de Dios, es clara. Dice:*

*"Voy a enviar un ángel delante de ti*
*para protegerte en el camino*
*y para conducirte al lugar que te preparé.*
*Pórtate bien en su presencia*
*y oye lo que él te dice.*
*No te resistas, pues no perdonaría tu falta,*
*porque mi nombre está en él...*
*Mi ángel caminará delante de ti"* (Exodo 23:20).

—La pureza de los chicos hace que entiendan todo más clarito...

—Los chicos tienen una característica: son como los ángeles. El padre Leonardo Castellani, que era profesor mío de historia de la filosofía, una vez, en la clase, dijo: "a los chicos los protege el demonio". Te imaginás... ¿De qué habla?, le preguntamos medio alterados. Castellani, que no hacía otra cosa que demostrar una vez más su humor y su manera explosiva de encarar las cosas, siguió: "Sí... Fíjense que si un nene está caminando por una cornisa y se cae y se mata, ¿adónde va? Va al Cielo, porque es un inocente lleno de pureza. Al demonio no le conviene que muera...". Nos reímos, pero detrás de esa broma está la realidad de que los chicos tienen el alma limpita... Lo curioso de todo esto es que, cuando uno es chico, tiene a su ángel muy presente. Y, cuando más lo necesitamos, cuando somos grandes, ahí no nos acordamos de él...

—Y nuestro ángel personal, ¿no parece, a veces, olvidarse de nosotros?

—Por supuesto que no. El ángel no está para moverte de un lado al otro como si fueras una marioneta. Te ayuda, si se lo pedís. Te acompaña pero no decide sobre tu vida. Vos sos el que toma las decisiones porque, ya te lo dije, tenés libertad. Ni los demonios —los ángeles caídos— ni los ángeles buenos pueden violentar la voluntad del hombre, al que Dios le dio el don de la libertad. El Creador nos da a los hombres algo que no comparte ninguna otra cosa de la naturaleza: la inteligencia y la voluntad. Son bases de la libertad... Y le da al ángel, al crearlo, una inteligencia extraordinaria y una voluntad libre... Pero el ángel respeta, por mandato divino, tu propia inteligencia y tu propia libertad. No se olvida de vos jamás. Vos podés olvidarte de él, que es otra cosa...

*Un bello relato de los Hechos de los Apóstoles cuenta cuando Pedro, después de la muerte de Cristo, está preso y encadenado por predicar la palabra de El. Hay cuatro soldados que lo custodian todo el tiempo. Una noche entra un ángel a su celda y le dice que se levante. Pedro no puede creer lo que está viviendo. Sin tocarlo, el ángel hace que las cadenas caigan y le dice que lo siga. Pedro lo hace y advierte que sus cuatro guardias están dormidos. Las puertas se abren a su paso, con el ángel delante suyo ("Voy a enviar un ángel delante de ti", ¿se acuerdan?) y así es como sale libre del lugar.*

*El arcángel Gabriel se le aparece a la Virgen, que se sobresalta mucho al verlo. El mensajero la tranquiliza y le anuncia lo que Nuestra Señora aún ignoraba, a través de sus palabras que aún hoy son repetidas en oración por todos los fieles: "Dios te salve, María. Llena eres de Gracia. El Señor es contigo. Bendita tú eres entre todas las mujeres y bendito es el fruto de tu vientre, Jesús". En esas 28 palabras le está anunciando el más grande acontecimiento de todos los tiempos para el mundo cristiano, a la vez que le explica que ella es la Elegida.*

*José, el carpintero, fue también tranquilizado por una nueva aparición angelical que le explicó el por qué del embarazo de María. También José recibió en sueños a un ángel que le indicó que debían huir para evitar que Jesús cayera en manos de las huestes sangrientas de Herodes. Y otro ángel le avisó que podía regresar porque Herodes había muerto. Mientras el pueblo de Belén ignoraba olímpicamente el nacimiento de Cristo, un coro de ángeles cantaba de manera celestial su llegada. En el Huerto de los Olivos, velando por su propia crucifixión cercana y mientras los apóstoles dormían, fue un ángel el que consoló a Jesús. Otro cuidó su tumba. Otro guió a sus seguidores en el encuentro con el Maestro. Angeles, ángeles, ángeles. En todos los lugares donde se los necesita, en todos los tiempos de la historia, en todos los hombres.*

*La existencia de los ángeles es dogma para la Iglesia Católica, lo que significa que es algo que se acepta sin la menor discusión. Se lo definió de esta manera en el Cuarto Concilio Lateralense y se refirmó en el Primer Concilio Vaticano.*

*Santo Tomás de Aquino, llamado "Doctor Angélico" y considerado una de las mayores inteligencias en la historia del cristianismo, tiene escritos trece tratados sobre los ángeles.*

*El Papa Juan Pablo II dedica en la actualidad —y desde hace años— la misa y su homilía a los ángeles, dos miércoles de cada mes, todos los meses.*

¿Qué más se necesita para tomar conciencia de lo que es un ángel? ¿Qué otra cosa es necesaria para que no pongamos cara de culo cuando se mencionan estos temas, creyendo que se trata de boberías de chicos? ¿Un documento firmado por no-sé-quién sería más potente que todos estos datos? ¿O es que hay quien necesite, como condición absoluta, ver a su ángel para creer en él? En este último caso, prueben cerrar los ojos, mírense por dentro, búsquenlo, saquen lo mejor que tengan allí, siéntanlo, disfrútenlo, pídanle ayuda, pónganle un nombre, gocen por estar acompañados todo el tiempo, tengan fe, que no me van a hacer un favor a mí sino a ustedes mismos. ¿Qué sentido tiene ir a buscar "magias" en cultos extraños, desconocidos y peligrosos, cuando en nuestras propias creencias de toda la vida hay maravillas que superan por presencia y por poder a cualquier superchería? Todo está en ustedes, todo está en mí, lo bueno y lo malo.

*Blas Pascal, que de pensar sabía un rato largo, escribió alguna vez: "Dentro de cada uno de nosotros nos habita un ángel que canta pero también una bestia que ruge".* Uno elige a cuál de los dos le da de comer. No hay que sentir vergüenza sino fuerza si es que aún hoy, grandote como es uno, recitamos mentalmente aquellas viejas y queridas palabras de la infancia: "Angel de la Guarda, dulce compañía, no me desampares ni de noche ni de día". Suena ingenuo, ¿no? Y bueno, es ingenuo. ¿Qué hay? Ingenuo no es, de manera alguna, sinónimo de boludo. La palabra nos llega del latín y significa exactamente "natural". ¿Saben cómo define el diccionario al concepto "ingenuo"? Dice: *Real, sincero, candoroso, sin doblez. Que nació libre y no ha perdido su libertad".* Pocas veces he leído algo tan bello para ser aplicado a una persona. Soy un ingenuo. Y tan feliz me siento. Qué va a hacerle.

—¿Qué se supone que podemos hacer por nuestro ángel?
—Hacerte amigo. Y ponerlo a laburar por vos. Eso lo hará feliz.
—Gracias por todo, padre. Saludos a tu ángel Manuel.
—Tengo tanta confianza con él que ya hace rato que lo llamo Manolito, con todo cariño...

Otro ingenuo. Otro que "nació libre y no ha perdido su libertad". Mi amigo, el cura Puyelli. No estamos solos, sin contar a los ángeles.

ALGO MAS

1) Hay muchas historias extraordinarias sobre ángeles, pero preferí exagerar con el rigor que me impuse y solamente contar lo que está por completo aceptado y avalado por fuentes tan inobjetablemente serias como la Iglesia. Sólo quiero rescatar aquí, de mi libro *La gran esperanza*, un fragmento del relato que, a su vez, cuenta la doctora Elizabeth Kübler-Ross. Esta notable profesional se encontraba junto al lecho de una anciana moribunda ayudándola en un desenlace que era, sin dudas, inminente. *"En un momento dado, la anciana dijo con total claridad: 'Allí está otra vez'. No era necesario para Kübler-Ross que aclarara a quién se refería, ya que la doctora había vivido esas experiencias en muchas ocasiones, con otros pacientes. La anciana continuó: ¿Sabe usted? Cuando yo era pequeña él siempre estaba conmigo, pero yo lo había olvidado completamente... Ahora está allí otra vez...'."* Decía esto con una sonrisa. Al día siguiente, plena de paz, moriría.

2) Por puro apasionamiento largué por ahí alguna palabrota, nada del otro mundo. Como en casos anteriores hubo quienes me criticaron esos vocablos tan poco académicos al tratar temas tan profundos, insisto —como me dijo una muy alta autoridad eclesiástica— que lo importante no es alguna "mala palabra" por ahí sino algunos malos conceptos. Y en eso estoy tranquilo. Soy un calentón, lo admito, y muy especialmente cuando defiendo cuestiones de fe. Conozco a más de cuatro personajes que no dicen "culo" porque piensan que es pecado y, sin embargo, no dudan en despedir a docenas de empleados o tienen una amante escondida o

toman la corrupción como algo habitual. No me gustan. De todas maneras, me place recordar algo que tal vez no me redima pero me hace estar en buena compañía. San Francisco de Asís, aquel angelical monje que llamaba "hermanos" al Sol, a la Luna, a los animales, cuenta en sus *Florecillas* un exorcismo sencillo para ahuyentar al demonio. Dice que una de las peores cosas que se le pueden hacer al coludo es insultarlo. Su soberbia no lo puede aceptar y se enloquece, huyendo mientras vocifera. El santo aconseja en aquellas deliciosas *Florecillas* (tan dulces como su nombre) el que tal vez sea el más simple de los exorcismos para encarar la presencia del ángel caído. Y dice así:

*"Cuando el demonio te tiente, dile: abre la boca que te cago adentro".*

Creo que el bueno de Francisco de Asís sabía, hace unos 750 años, que con ciertas cosas no se puede ser un tibio.

3) Hay una historia que la siento posiblemente emparentada con el poder de los ángeles. Es sólo una hipótesis personal, por favor tengan esto en cuenta. Pero es algo apasionante y real que no tiene explicación alguna. Se me ocurre (aunque nadie lo haya hecho hasta ahora) ligarlo de alguna forma a nuestro tema. Podría ser.

*En 1878 un misionero protestante de origen inglés, cuyo apellido era Codrington, menciona por primera vez en occidente la palabra "mana", así, sin acento. Mana. Cuenta este hombre que en el archipiélago de la Melanesia, en el Océano Indico, los aborígenes llamaban de esa manera a un poder sobrenatural que se desarrollaba en la fuerza corporal o espiritual de algunos hombres. Según explicaba Codrington, que era un reputado investigador de las civilizaciones, de acuerdo a las creencias melanesias aquel que poseyera el mana era capaz de cosas tales como producir la lluvia y el sol; curar enfermedades; conocer perfectamente sitios o personas de cualquier lugar del universo SIN LIMITE DE TIEMPO O ESPACIO (¿se acuerdan de esta cualidad de los ángeles?) y una enorme cantidad de otros poderes, todos extraordinarios. Era, de acuerdo a lo relatado por el misionero investigador, un impresionante don dado por los dioses melanesios a algunos humanos que lo usarían para hacer el bien. ¿Angeles en acción?, me pregunto yo ahora sin que, por supuesto, nadie pueda dar una respuesta. Pero la cosa sigue...*

*Antes de las investigaciones de Codrington, la palabra "mana" ya había aparecido en otro lugar de la geografía del mundo y con un significado prácticamente idéntico. En 1722 se descubre la Isla de Pascua, un minúsculo punto en el mapa, de apenas 170 kilómetros cuadrados, cuyos vecinos más cercanos —Chile, Océano Pacífico de por medio— se hallan a casi 4000 kilómetros de distancia. Los vecinos que le siguen, las costas de Tahití, están a 5000 kilómetros. Uno de los más grandes misterios de la humanidad son las esculturas en forma de cabezas que sobresalen imponentes desde su base, profundamente enterrada. Estos monumentos que miran hacia el mar miden entre 3 y 12 metros de altura y algunos llegan a pesar alrededor de 50 toneladas (unos 45 automóviles de los llamados "medianos"). Los primeros expedicionarios hallaron unas 600 de aquellas esculturas, desparramadas por los llanos de la isla. Ellos y todas las expediciones posteriores interrogaron a los indígenas con respecto a esas obras. ¿Quién las había esculpido? ¿Con qué herramientas? ¿Cómo fue posible que en tiempos tan remotos como aquellos en los que, evidentemente, se habían construido pudieran trasladar semejantes pesos? ¿Qué significaban? Todas estas preguntas siguen aún hoy, en 1992, sin ninguna respuesta. Los habitantes del lugar sonreían plácidamente ante aquellas preguntas y sólo respondían con una palabra de su dialecto: "mana". Muy lejos en tiempo y distancia de los melanesios, usaban el mismo vocablo. Mana. Se supo, con el paso de los años y cientos de investigaciones, que para los pascuenses hay objetos y personas en la Tierra que tienen poderes especiales. Esto abarcaba desde un hacha que cortaba mejor que todas las demás, una balsa que navegaba de manera impecable, un animal que era el que los ayudaba en sus trabajos más que cualquier otro o un hombre que podía hacer cosas que el resto no lograba de ninguna manera. Todo lo que se acercaba a la perfección estaba "tocado" por las fuerzas superiores del legendario lugar llamado Hawaikiki, una especie de paraíso para ellos. Algo así como si los dioses les prestaran esos poderes a través de un espíritu superior enviado por la divinidad para ayudarlos. (¿No les resulta conocido?) Ese poder era el mana.*

*Es curioso que, mucho antes, el Antiguo Testamento cuenta que durante el viaje del pueblo judío por el desierto, Dios les envía caído del cielo un manjar que los alimentaría. Lo curioso es que el nombre dado en la Biblia a ese misterioso y apetecible alimento enviado por Dios fuera el de "maná", ahora sí con acento en nuestro idioma, pero con una similitud evidente. El investigador francés Jacques D´Ares va más allá y destaca al vocablo MAN como algo muy especial. No sólo significa nada menos que "hombre" en idioma inglés, sino que —según la teoría de la simbología de las letras— la "eme" es la representación de lo material; la "a" la del origen de todas las cosas y la "ene" la de lo espiritual y lo divino. Parece hecho como a medida para lo que se sabe sobre los ángeles. También se resalta que, en español, palabras muy claves y significativas contienen ese vocablo: MANDATO; MANIFESTAR; EMANAR; MANO; MANDAMIENTO; HUMANO y HUMANIDAD, entre otras que también siguen pareciendo muy emparentadas con lo angélico. Como si todo esto fuera poco, ya dijimos que MANUEL significa "Dios con nosotros".*

*Aquel MANA, de haber existido o existir, aclararía montones de cosas que hasta hoy no tienen ninguna explicación. El traslado de las cabezas monumentales de la Isla de Pascua, los enormes bloques que forman las pirámides egipcias, la exactitud arquitectónica con que aquellas fueron construidas hace unos 4500 años, otras construcciones ya desaparecidas como el Coloso de Rodas y miles de hechos asombrosos que siguen en el más absoluto misterio. Hay quienes creyeron encontrar la expli-*

*cación en la intervención de seres extraterrestres. ¿Qué puede impedirme hallar una respuesta en el poder de los ángeles? Ese poder que es extraordinario, que no tiene tiempo ni espacio, que emana del espíritu puro, que nos es dado por Dios para ayudarnos, que siempre está. Ya les advertí al principio de esta historia: se trata nada más que de lucubraciones personales y de ninguna manera estoy avalado por nada ni nadie, pero no es tan loca la idea de pensar que aquello que culturas distintas llamaron "mana" —de alguna forma tenían que llamar a eso que no entendían— yo puedo llamarlo hoy "ángel". Después de todo es el más grande poder que Dios pone junto al hombre para ayudarlo. De eso sí que no hay dudas.*

Después de este capítulo, si ahora alguien les pregunta qué es un ángel y ustedes dicen "un bebito de pelo enrulado con alitas", me voy a descomponer. Y si, luego de haber sabido el inmenso poder que los acompaña a todas partes, van a preferir cualquiera de esos cultos esotéricos que andan por ahí, voy a vomitar de bronca. No me hagan eso, por favor. No se hagan eso, por favor.

## CATORCE

# El asombroso padre Mario

*La historia del padre Mario. La increí-
ble obra social que realizó en González
Catán. El poder de sus manos milagrosas. Testimonios impresionantes dados
por gente inobjetable curada por él. Sus
seguidores. Su lucha.*

Ahora estaba allí, quieto.

Hacía muchos años (¿setenta?) él era chiquito, lo cual no es de manera alguna un dato concluyente porque siempre fue chiquito. No sólo por medir poco más de un metro y medio sino porque su alma nunca dejó de ser la de un niño, aun con esos berrinches malhumorados que le daban de vez en cuando de puro tano apasionado. Y ahora que estaba allí, quieto, es posible que estuviera haciendo un repaso de su vida nada común. Hacía muchos años, decía, él era chiquito y vivía en Pistoia, un pueblo que formó parte de la provincia de Florencia desde el siglo XIV. Si por algo se lo destaca en la historia italiana es, tan sólo, por ser el sitio donde el patricio Catilina fue vencido y muerto en el año 63 antes de Cristo, abortando así una rebelión que el noble encabezaba en contra de las autoridades del Imperio Romano. El vencedor había sido el cónsul Cicerón. Veinte años más tarde, en el 43 a. de C., sería asesinado el mismo Cicerón por sus famosos 14 discursos en los que cuestionaba severamente al emperador Marco Antonio, poniendo al descubierto todos sus errores y defectos. Le costó la vida. Esos 14 discursos pasaron a la historia con su nombre de entonces, las Filípicas. Y esta palabra llega aún a nuestros días con el sentido que entonces tuvieron: una suerte de reto, de desafío, de crítica dura. Pero él era chiquito y nada sabía por entonces de todo eso y, si bien luego estaría desafiando valientemente al destino de por vida, nunca se le ocurrió la crítica dura o el reto porque sí. Además todo aquello era una cosa que estaba en los libros, nada más. Ahora que era chiquito su mayor preocupación era el gato. El gatito de la casa estaba muy enfermo y era cosa segura que pronto moriría. Con los ojitos nublados por la pena se acercó al animal y le dio lo único que podía darle: unas caricias sobre el lomo vencido. Poco después el gato andaría otra vez correteando por los humildes tejados, como si nada. Fue la primera vez que advirtió, con sorpresa, que algo extraño y bueno tenían sus manos. Pero ni siquiera se detuvo mucho a pensarlo, ya que él era chiquito, ya está dicho, con pantalones cortos y un pelo moreno alborotado, con jugar en las calles de aquel pueblo, con correr, con reírse, con hacer travesuras y ahora, Dios mío, qué lejos está aquello, cuántas cosas pasaron, cuánta fe, cuánta gente, cuánto estar allí, quieto.

Irene de Pintos es una mujer agradable, de buen aspecto, muy joven para estar a punto de ser abuela por tercera vez como cuando hablamos. La acompaña Julio, su esposo. Ella habla con voz firme y segura.

—*En 1983 me operaron por primera vez acá* —dice mientras señala el lado izquierdo de su cuello —*y en ese momento no hubo nada como para alarmarse. Pero en 1984 me apareció un bulto en el mismo lugar. El doctor decidió una nueva intervención quirúrgica. A posteriori me dan quimioterapia, con todo lo que eso significa. Sin llegar a curarme, estaba algo mejor. En el 85, durante un análisis de rutina, se des-*

*cubre que otra vez hay problemas. Era cáncer. Los ganglios de la zona del esternón son inoperables, por lo que me recetan 60 aplicaciones de cobalto. Allí, a través de una amiga, voy a verlo al padre Mario... Nos levantábamos de noche para llegar a González Catán a las cuatro de la mañana, cuando el padre comenzaba a atender... El nunca durmió más de tres horas, a veces cuatro.*

*—¿De qué hablaban? ¿Vos le contabas lo que tenías?*

*—Nadie le explicaba cuál era su mal. No hacía falta. El primer día yo le conté todo lo que había ocurrido hasta ese momento, pero no era necesario. En las siguientes ocasiones no hablábamos nada. Nada.*

*—Pero ¿qué hacía el padre?*

*—El padre pasaba su mano por la zona del tumor, por el cuello, y después por la cabeza. Pero sin tocarme. Solamente pasaba la mano por arriba, despacito. En silencio total y absoluto.*

*—¿Con todos era así?*

*—Si, claro. Cuando íbamos al otro lugar donde atendía, en Flores, había decenas de personas esperando. ¿Te imaginás el tiempo que hubiera necesitado para hablar con cada uno? Además, ya te digo, no hacía falta. El padre se paraba delante de cada paciente y, sin una palabra, pasaba su mano por sobre el lugar donde esa persona tenía su enfermedad. Yo vi a alguien que estaba sentado y él empujó a esa persona muy suave hacia adelante para poder pasarle la mano por la espalda porque era allí donde le dolía.*

*—Perdón por insistir, pero ¿nadie le indicaba nada?*

*—Nadie... El asunto es que, al mismo tiempo, yo seguía con las aplicaciones de cobalto, que tenían que ser sesenta, como te dije. Pero al llegar a la número veintiocho el médico me dijo: "Mire, señora, usted está tan deteriorada que hoy mismo ya no toma su aplicación". No se me dio ninguna medicina más. Nosotros seguimos yendo a lo del padre Mario...*

*—¿Y el padre Mario continuaba con aquello de pasar la mano sobre el lugar, solamente? ¿Te indicaba algo para hacer en tu casa? ¿Te daba algo para tomar?*

—*Nada, nada, nada...*

—*¿Y los médicos tampoco?*

Aquí interviene Julio, su esposo:

—*Ya habían probado todo. No se la podía operar, con la quimioterapia se había quedado a mitad de camino, la cobaltoterapia tuvo que ser interrumpida. Lo único que hacían era controlarla de vez en cuando... A los pocos meses, principios del 86, le hacen una tomografía computada y cuando vamos por el resultado el médico le dice: "Señora, esto es un milagro. Vaya a festejarlo. Esto es un verdadero milagro"... Ya no tenía nada. El tumor había desaparecido por completo.*

—*¿Cuánto tiempo había pasado de tratamiento con el padre Mario?*

—*Unos meses, no llegamos a un año de ir todas las semanas.*

—*Perdón, pero ¿te hicieron otras tomografías, después?*

—*Sí, varias. Y durante un buen tiempo. En el 86, el 87 y el 88... Todos los resultados fueron buenos. Ya ahora ni siquiera me las hacen más porque no quedó nada en el lugar donde tenía el tumor. Solamente me hacen exámenes de sangre cada seis meses como control...*

Siento la obligación de confesarles que yo sigo tan sorprendido como deben estarlo ustedes al leer estas líneas. Luego el asombro fue aumentando de tan habituales que eran casos como el de Irene. Quiero aclarar que Irene dio en su relato el nombre de dos médicos que eran quienes llevaban su caso. Se trata de profesionales del más alto nivel, de los más prestigiosos que hay en un país como el nuestro, donde abundan los médicos de prestigio. No los he mencionado siendo ésta la única parte de su relato que preferí omitir por razones éticas fácilmente entendibles. Esos hombres —excelentes en lo suyo, insisto— agotaron todas las instancias científicas, hicieron lo que pudieron, son inobjetables. Lo que ocurrió después no hay forma de explicarlo.

Quieto. Quieto como nunca, inmovilizado a pesar suyo en aquella cama de terapia intensiva, con la mascarilla del respirador artificial sobre su boca. Por momentos reconociendo a los más allegados que eran los únicos —muy pocos— que podían acercarse a él. A veces, sin saber bien qué le decían o quién se lo decía. Su viejo problema bronquial que llevaba por años se había agravado. Y su sangre, esa sangre tana que lo empujó a hacer tantas cosas para los demás, circulaba ahora malamente. Estando lúcido quizás recordara su ordenación como sacerdote, en Mattera, en la lejana Italia, siendo muy joven. Después su llegada a la Argentina. Se nacionalizó y le entregaron su documento. José Mario Pantaleo, decía. Una de las dos fundaciones que creó en González Catán lleva su nombre, cosa que aceptó a regañadientes pero a la que no pudo oponerse porque la gente así lo quiso. González Catán. Un lugar al que llegó hace muchos años y que recorría pegándole duro a su vieja bicicleta que avanzaba con dificultad por el barro de entonces. Un lugar humilde justo para él, que comenzó con un lote donde se construyó una pequeña vivienda. En el kilómetro 31 de la ruta 3 nacía así toda una historia de amor y de asombros. Lo primero que consiguió —sabe Dios cómo— fue la donación de un viejo vagón de subte. Allí albergó a los primeros chiquitos de la zona para cuidarlos mientras sus padres trabajaban, para enseñarles a crecer, para darles comida que pedía en mil y un lugares. Después todo creció.

*Ada Stahlschmidt es joven, flaca pero con aspecto de ser dueña de una fortaleza poco común, emprendedora. Es la coordinadora de los jardines maternales de González Catán, una de las obras. Allí se albergan chicos desde los 45 días de vida hasta la edad escolar. Desde los tres años van al jardín de infantes y se les da desayuno, almuerzo y merienda. Es gratui-*

*to. Por la mañana comparten el desayuno con otros más grandes que no tenían fácil acceso a algo tan común para muchos como es, sencillamente, comer. En ocasiones estos desayunos reunieron a unos 600 chicos de los alrededores.*

*—¿Cómo mantienen algo así?*

*—Al principio, la gente que iba a ver al padre dejaban, si podían, un bono contribución que iba íntegramente a eso. Todo lo que el padre obtenía se usó para la obra. Desde que enfermó se cortaron esos ingresos y se creó AVE, Aportes Vitalicios Especiales, donde cada persona de las que alguna vez recibimos la bendición del padre hacemos un aporte mensual. No importa cuánto, lo que cada uno pueda. Es lo que hace posible hoy que la obra siga en pie, porque lo importante es eso: poder seguir...*

*—¿Viste muchos casos de curaciones desde que estás junto al padre?*

*—Yo vi mejorar gente día a día, paso a paso, asistencia tras asistencia, visita tras visita... Nunca, ningún día, hubo menos de 150 personas haciendo fila para verlo.*

*—¿Hubo algún caso en especial que te haya impresionado más que otros?*

*—Muchos... Una nena de dos años, María Agustina, tuvo una encefalitis. Estaba grave. Cuando yo le llevé el problema al padre él dijo que la sacaran de terapia intensiva. Dijo, también, que en muy poco tiempo la nena iba a hacer algún tipo de cambio, que iba a salir del estado en que se encontraba. A las dos horas sucedió. Lo primero que hizo María Agustina fué llorar, saliendo del estado de coma. Al principio el padre se ocupó de ella sin verla, a la distancia. Cuando ya había mejorado le pidió a la madre que se la llevara. Cuando lo hicieron, la nena estaba prácticamente ciega y con muy poca movilidad en sus miembros. El diagnóstico y el pronóstico médicos eran realmente desalentadores... La semana pasada, a un mes y medio del episodio, la nena estuvo acá. Corre, salta, juega, vuelve loca a la gente que la rodea, hace todo lo que hace una chiquita de dos años... Está perfecta. Ya le han sacado todos los medicamentos...*

*Además de sus funciones en los jardines maternales de la obra, Ada tiene su propio jardín de infantes privado, pero su obsesión hoy es que lo de González Catán continúe. No por ella sino por los que lo necesitan, que son muchos.*

Tan quieto, tan quieto, nada menos que él. Sólo pensando de a ratos, entre los leves sonidos y los murmullos típicos de la sala de terapia intensiva del Sanatorio de la Trinidad. Podía ser, también, que recordara a quien fuera su confesor en Italia, el padre Pío. Un hombre muy débil físicamente, casi siempre enfermo, que lo retiraron como capellán durante la Segunda Guerra porque apenas podía con su propio cuerpo. Lo enviaron a las montañas, a un pueblo llamado San Giovanni Rotondo, donde quedó hasta su muerte en 1968. Pero allí comenzó a demostrar que su debilidad era nada más que física. Gozaba de poderes especiales que nadie, ni él mismo, podía explicar. Durante cincuenta años le aparecían los estigmas, las marcas en las manos y en los pies del sacrificio de Cristo. Tenía, entre otras cosas, el don de adivinar los pecados. Cuando alguien se confesaba con él, antes de darle la absolución, a menudo le recordaba ésta o aquella cosa que el penitente había olvidado. Y no le erraba. Muchos lo buscaban para confesarse con él, incluso, en dos ocasiones en que fue a verlo especialmente, un joven e inteligente obispo llamado Karol Wojtyla que le profesaba un enorme cariño y que hoy, conocido en el mundo como Juan Pablo II, encargó que se siguieran todos los pasos necesarios para la beatificación de su viejo confesor.

Existe una versión —hay que recalcarlo: una versión— que asegura que el padre Pío le dijo alguna vez a aquel joven obispo: *"Lo veo a usted Papa... Y lo veo, también, en una mancha de sangre..."*. Wojtyla fue ungido, en efecto, Papa. Y es de desear con todo el corazón que la mancha de sangre fuera aquella del atentado de 1981.

Tal vez pensara en eso ahora el padre Mario. Tan quieto, tan inusualmente quieto en esa cama.

*Osvaldo Cosci es, actualmente y desde hace unos años, Director de Valuaciones de la Municipalidad de la ciudad de Buenos Aires. Sobrio, de buenas maneras, sereno cuando habla.*

*—Yo he sido paciente del padre Mario... En enero del 90 comencé a tener una fiebre alta todos los días, al llegar la noche. Después fue una tos no muy fuerte pero reiterada. También, cuando aspiraba, empecé a sentir una puntada dentro mío, a la derecha del esternón. Cuando comenzaron mayores transtornos me medicaron y me mandaron a hacer una radiografía. Me la entregaron en sobre cerrado y luego supe que aconsejaban al médico una tomografía computada. Allí apareció claramente un nódulo, un tumor canceroso de dos centímetros en el pulmón derecho. Enseguida tomamos contacto con un especialista (nombra aquí a un médico de primer nivel) que dijo que me operarían en una semana...Yo ya conocía al padre Mario porque había ido a pedirle por otras personas, pero recién después del anuncio de mi operación fui a verlo y le pedí que me diagnostique. Llevé los estudios que me habían hecho pero, como siempre, ni los miró...*

—¿Por qué no los miraba? ¿El ya sabía sin ver eso?

*—Siempre sabía. El tenía un gran respeto por los médicos pero decía que para ser de los buenos no bastaba con saber hacer un buen diagnóstico sino que necesitaban saber también de parapsicología. No la parapsicología de los chantas, sino la seria, la de verdad... El padre me llevó al jardincito de invierno que tiene en Catán, en un lugar donde está la Virgen del Hogar, y me puso cerca el péndulo...*

—¿Qué es el péndulo?

*—Eso, un péndulo. Es chiquito y él siempre lo lleva en una cajita. No sé cómo le indicaba cosas, lo que sé es que no fallaba.*

*Me dijo que sí, que efectivamente yo tenía un tumor. Me contó todo lo que significaba la operación y me dijo que él solía curar esas cosas en 60 días... Le pregunté cuando podía empezar y dijo que en esa misma semana. Me bendijo y nos despedimos. A partir de entonces yo iba a verlo todos los días, todos los días...*

—¿Y el médico? ¿No te apuraban con la operación? ¿Te medicaron?

—*No tuve ninguna medicación, ninguna. Porque todo estaba decidido por el lado de la cirugía. Al médico le dije que no quería operarme aún, que necesitaba 60 días. Yo no quería contarle todo porque creo que no me hubiera entendido. Me preguntó por qué le pedía ese plazo y yo le dije que quería intentarlo con mis propias fuerzas. No quería saber nada, pero al fin me dijo que me daba 30 días...*

—Sin medicación...

—*Sin medicación. A los tres días se me fue la tos...*

—Disculpáme, Osvaldo, pero ¿qué te hacía el padre Mario?

—*Nada. El padre pasa la mano, nada más. Es una bendición. Es eso: una bendición. Ninguna otra cosa en absoluto. Lo que él hiciera después lo ignoro. El siempre me dijo que había venido a cumplir una misión en la tierra y que Dios lo eligió a él como podía haber elegido a cualquier otro. Y agregaba: "Y Dios me eligió a mí no porque yo sea el mejor sino porque El hace lo que se le da la gana"... El asunto es que, al tiempo de visitarlo, un buen día me dice: "Qué bien que andás". Yo le pregunté: "Padre, ¿en serio?", aunque ya había notado que me sentía mucho mejor y que, incluso, me había vuelto el color normal a la cara... A los 63 días le pregunté si ahora podía sacarme otra tomografía. "Sacátela", me dijo solamente...*

—No quiero imaginar el momento en que fuiste a buscar el resultado.

—*¿Qué te parece?... Abrimos el sobre allí mismo y mi señora y yo empezamos a leer con desesperación. Ella llegó antes que yo al renglón crucial y pegó un grito... El tumor no estaba. Ya no estaba.*

—¿Qué pasó con el médico?

—*Ya cuando había ido a pedirle la orden para la tomografía me vio y me dijo: "Pero ¿qué hizo? Se lo vé muy bien...". Yo le dije que había descansado. "¿No fue a trabajar? ¿Estuvo en reposo todo este tiempo?", me preguntó. Le dije que no, que había trabajado todos los días y que nada de reposo. Que había tenido un descanso, sí, pero espiritual...*

—¿Le contaste la verdad?

—*Sí. Le conté que yo tenía un asesor espiritual que me había estado bendiciendo durante todos esos días y que ése había sido el único medicamento, el único... Gran silencio. Miraba una y otra vez la tomografía. Al rato nos pidió permiso para llevar mi caso a la Academia de Medicina... Cuando volvimos a verlo nos dijo: "Y, mire, el cincuenta por ciento de los médicos ya lo conocían al padre Mario. El otro cincuenta lo conoció ahora...". A los seis meses de todo aquello volví a sacarme otra tomografía. No tenía absolutamente nada. Tengo todos los informes médicos que están a tu disposición...*

Los médicos. Que ahora intentan con todos los medios a su alcance sacarlo de la situación, luchar contra su enfermedad, devolverle las fuerzas para que deje de estar quieto, tan quieto. Es curioso que alguien que pudo sanar a tanta gente no goce del don para sí mismo. Curioso pero habitual en estos casos. Pero él seguiría intentando hacer el bien para los demás aun quieto, como ahora. Esa chiquita que llevaron a la cama de al lado, en terapia intensiva, por ejemplo. Una norteamericana que vino al país como tantas por uno de esos planes de intercambio estudiantil. Hubo un accidente de auto y ahora está allí, cuadripléjica, con sus 16 años marchitos. Por eso hay que pedir que retiren el biombo que los separa. Por eso el padre Mario, con fuerzas casi inexistentes ya, levantaría apenas su mano apuntando a la niña mientras la miraba con ojos vidriosos. Ella movería lo único que su estado le permitía, la cabeza, para mirar al viejecito que la bendecía desde la cama vecina. Entendería todo hasta tal punto que unió sus labios para enviarle un beso silencioso de agradecimiento. Al día siguiente un avión especial la trasladaría a San Diego, en los EE.UU., para ser tratada. Pero su beso quedaría flotando allí. Y él tan quieto. Puede ser que recordara con una especie de cosquilla divertida en el alma cuando en 1990 lo habían internado también de urgencia cuando se le produjo aquel primer edema pulmonar. Una vez que le sacaron el agua de sus pulmones sólo esperó dos días y escapó del sanatorio. Era un sábado. El domingo estaba en pie, dando misa. Lo retaron, pero él no hizo caso. Sabía que lo necesitaba mucha gente. Por eso le daba bronca estar ahora tan quieto. Nada más que por eso. ¿Qué estaría pasando en González Catán? La escuela primaria, bilingüe y con computación; la escuela secundaria que se había inaugurado hacía unos meses con la asistencia del Presidente de la Nación; el Centro para la Tercera Edad, donde los mayores se entretenían tanto; la biblioteca de más de 5000 libros; el jardín de infantes; el centro para discapacitados; la panadería y fábrica de pastas en la que trabajan esos mismos discapacitados; el polideportivo que recién comenzó a construirse; el taller textil donde trabajan hombres y mujeres de la zona; el centro médico que atiende a más de mil pacientes por mes.

*El doctor Daniel Trocki es el director médico del Area de Salud de la Fundación, en González Catán. Hombre joven, de impecable aspecto, un tono de voz lleno de paz, alguien que resulta confiable de inmediato.*

*Es, también, director médico del Instituto Geriátrico Nazaret y un profesional reconocido y cálido.*

—¿A quiénes atienden en el centro médico de la Fundación?

—A todo el mundo, pero muy especialmente a toda la gente de la zona de González Catán y alrededores, que tienen una población de 340.000 almas. Nosotros hicimos un estudio y arrojó que hay un 17% de carenciados totales... Contamos con un edificio de tres plantas donde se atiende a todos los pacientes, sin internación... Lo que buscamos ahora es que todo eso continúe a través de prestaciones de obras sociales o lo que sea, porque eso nos permite seguir atendiendo gratis a los realmente carenciados...

—¿Cómo te ligás vos al padre Mario?

—Una gente amiga me había hablado de él y un día me llevaron a conocer las obras. Cuando las vi quedé por completo enganchado. Y cuando hablé con el padre quedé más enganchado. Yo siempre digo que el padre está por encima nuestro, un escalón por encima nuestro. A partir de ahí fui viendo las situaciones... casi milagrosas que él lograba. Ya tenía conocimiento de esto porque estuve conectado hace años con gente del Policlínico Ferroviario Central, donde el padre Mario fue capellán... (sonríe)... Siempre recuerdo que en una ocasión uno de los ambulancieros me contó algo advirtiéndome que nunca se había animado a decirlo. Dijo que una noche él estaba con otros compañeros en el lugar donde se hacen los traslados y llegó el padre, cosa que hacía de manera habitual en muchas áreas del policlínico. Charló con ellos y al rato se despidió diciendo que tenía que irse. El hombre me contó que el padre habrá hecho cuatro o cinco pasos y desapareció...

—¿Cómo que desapareció?

—Desapareció, desapareció. Así de sencillo. El ambulanciero dijo "yo nunca me animé a contarlo porque me iban a decir que estaba loco". El hombre no estaba solo, había varios compañeros con él que vieron lo mismo y esta gente mantuvo el hecho en reserva durante tantísimos años. Les costó aceptar y mucho más transmitirlo...

—Daniel, es obvio que sos un científico pero no un cientificista...

—*De ninguna manera, de ninguna manera...*

—*Para vos todo esto debe ser un choque grande entre lo racional que significa la ciencia y todo lo del padre Mario.*

—*Así es, así es... Hemos discutido mucho con el padre en especial en lo que hace a los pacientes oncológicos, los que tienen cáncer, en los que él tiene un gran desarrollo para identificar localizaciones tumorales y qué es lo que conviene hacer y lo que no conviene hacer. Si bien muchas veces disentimos, en otras estábamos de acuerdo en lo que él dice de mantener el equilibrio entre lo que es el huésped, el paciente, y el tumor. El padre siempre sostuvo que hay que conservar ese equilibrio... Yo no estaba de acuerdo, en aquellas discusiones, en que se pusiera todo en la misma bolsa, porque cada paciente es un caso distinto, pero lo que fui viendo se puede calificar como situaciones asombrosas... Hemos visto casos de chicos prácticamente desahuciados, chicos cuadripléjicos que no reconocían ni a sus padres. Y, al tiempo de verlos el padre Mario, comenzaban a abrir los ojos, reconocer, decir "papá", "mamá". Algunas cosas que eran increíbles. Si yo no las hubiera visto confieso que me hubiera costado mucho aceptarlas...*

—*No sé si hay respuesta para lo que voy a preguntarte, aunque supongo que no... ¿tiene algún tipo de explicación racional todo esto?*

—*Si la tiene, yo no la encuentro. Está en un umbral que... no sé. No tengo otra explicación.*

—*A lo largo de la investigación para el libro que estoy haciendo yo me encontré con muchos casos sin explicación, Daniel. Evidentemente existen fuerzas mucho más poderosas que las que conocemos y hay gente que tiene ciertos dones que no son habituales...*

—*Totalmente. Yo no sé si vos estás al tanto de lo que ocurrió hace muy poco, estando el padre en terapia. Una chiquita americana que quedó cuadripléjica por un accidente...*

—*Amanda. Sí, me enteré. ¿Vos estabas allí?*

—*Sí. El padre comenzó a... actuar sobre ella después de pedir que le sacaran el biombo que los separaba. Apenas tenía fuerzas pero se lo veía concentrado en la chiquita, que no podía hacer ningún movimiento. Al rato, yo no sé cómo, la chica empezó a mover la cabeza y —lo que fue tremendo— empezaron a desconectarle el respirador durante largos períodos, cosa que hasta ese momento no se había podido hacer. Esta chica está ahora en Estados Unidos y, por una referencia que hay, dicen que está movilizando uno de los miembros inferiores...*

—¿A vos te consta, en lo personal, de casos similares?

—Sí, claro... Un caso que también recuerdo mucho fue el de un chico cuadripléjico por el que, desde un punto de vista médico, no se podía hacer ya nada. Ahora el chico está en la universidad. Y todo comenzó después de haberlo visto el padre Mario.

—¿Y el padre no puede hacer nada por sí mismo, ahora?

—No, creo que no. El siempre pudo con los demás. Te diría que después de tantos días como lleva en terapia y teniendo en cuenta su situación es increíble que aún... que se mantenga. La atención que le han dado en el sanatorio de la Trinidad es excelente. El padre tuvo dos descompensaciones serias y lo sacaron. Tiene comprometida toda su situación pulmonar, surgieron problemas renales y de circulación, nada es alentador a pesar de que, insisto, los profesionales del sanatorio están haciéndolo de manera óptima.

—Daniel, ¿vos creías en cosas de tipo asombroso antes del padre?

—No, no, para nada. Yo no creía en estas cosas, te lo puedo garantizar. Más que nada porque yo hago cirugía oncológica y mi formación es científica. Pero cuando lo conocí al padre fue como si me fuera cambiando el espectro. Hará un año y medio, más o menos, pero un año y medio muy intenso... Yo nunca me hubiera imaginado ver colas de gente a las seis de la mañana, micros que traían personas para ver al padre.

—Vos sabés tan bien como yo que más de cuatro escépticos van a esgrimir, de pronto, el argumento de que la gente se curaba por sugestión o algo así... ¿Qué les podés decir, como médico?

—*Lo que puedo decirles es que uno no tiene por qué encerrarse o encorsetarse en lo que son los parámetros médicos. Esto lo digo como profesional. Yo creo que todavía hay mucho camino por transitar. Nosotros, los médicos, no somos los dueños de la vida de nadie. Uno no tiene que desacreditar jamás ninguna posibilidad de terapia. Jamás. Jamás. Siempre tenemos que permitirle todo al paciente... ¿por qué? Porque nosotros no tenemos la sartén por el mango. Creer eso es un grave error. Uno tiene que descartar la omnipotencia médica. Ante las muertes que han pasado frente a cualquier médico, ya sea de gente mayor, de jóvenes, de chicos, tenemos que darnos cuenta de que debemos bajar de las alturas. Nosotros somos profesionales pero, antes de ser profesionales, somos seres humanos... Yo hice mucha medicina de campo hace unos años, estuve en la calle viendo gente. Y vos te das cuenta que muchas veces la palabra o el afecto sirven para contener situaciones realmente difíciles. Eso te da una sensibilidad especial. Y te abre mentalmente para aceptar otras cosas aunque parezcan increíbles.*

¿Cuánto hace que está allí, tan quieto? Treinta, cuarenta días, ya el tiempo parece ser sólo una manera de decir. Pensar que hay tanto para hacer, tantos que necesitan ayuda. ¿Qué está ocurriendo ahora? ¿Qué es esa luz hermosa, esa paz? ¿Qué ocurre que todo se volvió tan bello? Los médicos corren, aplican algo sobre el pecho, se apartan, el cuerpo salta. Vuelve el dolor y preguntarse cosas, lamentar la quietud.

*Nilda Fernández, delgada, de voz profunda, de un evidente buen nivel social y cultural, cuenta el caso de un chiquito hijo de una médica. Había quedado en estado vegetativo. Ya llevaba unos seis meses así. Un drama. Esto ocurrió hace* muchos años, cuando el padre Mario aún no era tan conocido y tenía tiempo para ir él mismo a las casas donde lo necesitaran. Se había probado todo desde el punto de vista médico, pero sin resultados.

—Cuando el padre llegó, le pasó la mano al chico por sobre el cuerpo, sin tocarlo. Enseguida le dijo a la madre, que es médica: "Tire todos esos remedios que tiene ahí", y le dijo que volvería en unos días. Volvió. La madre del chiquito había escondido los remedios. El padre no dijo nada. A los tres días hizo otra de sus visitas. Le pasó la mano en esa bendición, como siempre, y le dijo a la madre cuando ya se estaba yendo: "Mire, doctora, es la tercera vez que vengo pero si usted no tira los remedios yo no vuelvo más…". Esos remedios no estaban a la vista, ya te dije. La mujer se asombró y pensó: "Evidentemente este hombre sabe". Tiró los remedios. Al tercer día el chico se sentó en la cama y dijo: "Mamá, quiero comer". Hasta ese momento había estado meses como una planta, sin moverse, sin hablar… "¿Qué querés comer?", le preguntó la madre, que estaba asombrada. "Papas fritas", dijo el chico. Le llevaron un fuentón de papas fritas y no dejó ni una… Poco después estaba totalmente recuperado…

—Pero ¿cuándo fue eso?; ¿el chico siguió estando bien?

—Esto fue en el 80. El chico tenía unos cinco años, ahora debe tener diecisiete o dieciocho. Y está perfecto. Le quedó una muy pequeña cosita en una pierna y eso fue todo. Había estado cerca de seis meses en estado vegetativo, no te olvides. La madre, la doctora, después lo ayudó mucho al padre Mario y a la obra.

—¿Hay algo que el padre no pueda curar en todos estos años?

—Cuando alguna persona llegaba con un mal que se había extendido ya demasiado el padre no decía nada y lo bendecía igualmente. En esos casos la persona moría al tiempo, pero sin dolores, sin sufrimientos, en paz… Una vez yo le pregunté sobre los enfermos de SIDA y él me dijo que con eso no podía hacer nada. Pero, al tiempo, muy contento, me dijo que

*ya tenía tres casos de SIDA en los que la enfermedad había
cedido... Yo le pregunté: "Pero, padre ¿no me dijo usted que
con eso no podía hacer nada?"... "Sí", me dijo, "pero El De
Arriba me dio permiso..."*

Otra vez esa luz, esa paz, como en el día anterior.
¿Qué está pasando? Otra vez los médicos rodeando la
cama, aplicando sobre el pecho esas paletas, devolvien-
do al cuerpo la vida que se le iba. Y luego nuevamente
estar quieto, tan quieto. ¿La muerte está allí, esperando?
¿Qué pasaría con la Fundación en ese caso? Está ella, es
cierto. Está Perla en quien recayó durante tantos años la
responsabilidad de manejar la obra. Aracelis Gallardo
de Garavelli es su nombre. Es gracioso. Cuando su
mamá se enteró que Aracelis era el nombre de la primera novia del papá, hizo que le pusieran dos perlitas
como aros en las orejitas de la beba y dijo "desde hoy te
llamarás Perla". Cosas de aquella época, llenas de ternura y pureza. Perla, de una dulzura casi imposible de
pesar. Su mano derecha, la presidenta de una de las dos
fundaciones, la que atendía de la misma manera a los
que iban a buscar sanarse o consejo espiritual del padre,
ya sean los humildes pobladores de lugares remotos o
las más encumbradas figuras de la política, el arte, las
letras, el empresariado. Jamás se discriminó a nadie y
eran muchos los de otras religiones que veían al padre.
Todos como lo que son, gente. Personas. El albañil o el
presidente de la Nación necesitaban, como cualquiera,
sanar algún mal o recibir ayuda espiritual. ¿Qué importancia tienen los apellidos, el dinero, el poder, cuando
lo que el hombre necesita es apoyo? Por eso es que ni
siquiera vale la pena recordar aquí y ahora esos apellidos tan importantes que han salido publicados en diarios y revistas como gente que acudió a él. Son personas.

Eso son. Nada más y nada menos. ¿Esa luz otra vez, esa paz? Alguien habla por allí de varios paros cardíacos en muy poco tiempo. Sí, la muerte espera. Pero está Perla. Y toda la gente. Lástima estar tan quieto.

*Keikichi Utsumi nació en Japón, pero lo trajeron a la Argentina cuando tenía apenas un año. Sus rasgos son marcadamente orientales, lo mismo que su carácter ancestral, que lo muestra prudente, bondadoso, seguro de sí pero sin soberbia, dueño de una educación y cultura envidiables. Es una importante autoridad internacional del Rotary Club, del que fue gobernador en el país —máximo cargo— en los años 88 y 89. Es ingeniero agrónomo y presidente de una importante empresa del país. Su esposa Lidia es, en aspecto y carácter, igual a él. Ambos están cerca del padre y de su obra, en la que siguen colaborando, desde hace más de diez años. Cuentan casos. Más casos. Todos impresionantes como los anteriores. Sería necesario un libro entero dedicado especialmente a la enorme cantidad de sanaciones sin explicación racional. "Es un santo", repiten todos. Ni siquiera tiene sentido seguir acumulando aquí testimonio tras testimonio. Unas ocho mil personas por mes lo veían para buscar ayuda en ese cura petisito, licenciado en psicología y filosofía, autor de varios libros de ensayos, tano cascarrabias, tierno y lleno de amor, misterioso, con sus manos plenas de bendiciones asombrosas, polémico para algunos, "un santo" para muchos. Como sea, no se apartó nunca de los dogmas de su Iglesia y no injurió nunca a la medicina o a los médicos, muchos de los cuales eran sus pacientes. Alguien simplemente asombroso. Nunca pude hablarle. Cuando supe de él y quise verlo ya estaba internado. Apenas pude estar en el sanatorio en una de cuyas camas de terapia intensiva él estaba tan quieto. Pero a través de Perla y de toda la gente que estuvo cerca suyo creo que terminé conociéndolo más que si hubiera estado años a su lado. En aquella visita al sanatorio ya todo estaba decidido, no se podía hacer más aquí, en la Tierra.*

Ahora sí, ahora sí. La Luz y la Paz son cada vez más plenas, más totales. Ahora sí, aunque corran los médicos, vuelvan a aplicar esas paletas en el pecho, todos se muevan nerviosos alrededor. Ya está, ya está. Dios mío, cuánta belleza. Es como estar en todos y con todos, lo deseado siempre. Qué sensación poderosa. Qué maravilla esta certeza de que aquí comienza ahora lo más importante. Y, especialmente, que bueno esto de no estar ya quieto, tan quieto, sino por el contrario sentirse nuevo, tan nuevo.

*El padre Mario falleció el 19 de agosto de 1992, después de 40 días de internación en terapia intensiva. Desamparo es la única palabra que cabe para describir a aquellos que estuvieron cerca suyo. A su entierro asistió, entre muchos, el Presidente de la Nación, quien sumó su voz a la de tantos cuando resumió su vida. Dijo: "Para mí fue un santo".*

La primera que me lo contó fue Lidia Utsumi. Después fueron varios, de manera independiente. Dicen que, hace unos dos años, Su Santidad Juan Pablo II confirmó que había en el mundo nueve sacerdotes que hacían imposición de manos con el estilo y los resultados del padre Mario. Según el relato, el Papa dijo que la Argentina tenía la suerte de contar con tres de aquellos nueve.

La investigación para ubicar a los dos que quedan llevará su tiempo y trabajo, pero valdrá la pena. Si Dios quiere, los encontraré. Lo que es mucho más difícil es la concreción de mi loco sueño: lograr acceso a los archivos especiales del Vaticano donde se registran con pelos y señales miles de investigaciones de casos sobrenaturales. Desde los milagros de los santos hasta cualquier otro hecho que, sin apartarse del dogma, resulta asombroso y demuestra que no hace falta ir a buscar por ahí poderes de cartón. Los hubo y los hay dentro de la propia Fe. Muchos. Todo el tiempo. Aquí y ahora. Pero, por alguna razón, están prudentemente guardados bajo siete llaves.

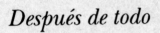

*Después de todo*

—Y bien —dijo el Papa en aquella audiencia privada, con su famosa sonrisa y ese rostro pleno de bondad
pero también de un dejo de picardía que ahora recalcaba al hacer la pregunta:

—¿Hay alguna novedad en tu obispado?

Tal como había ocurrido con el Obispo de San
Nicolás y con tantos otros desde que iniciara su papado,
el Sumo Pontífice ya sabía la respuesta porque contaba
con toda la información al respecto desde hacía tiempo.
Pero nuevamente, con la naturalidad del que sólo se
asombra por el dolor ajeno, dejó escapar una vez más su
carácter travieso y cariñoso cuando preguntó aquello de
manera que aparentaba ser casual.

—Sí, Santidad... Hay una novedad... —respondió
también con una sonrisa que acompañaba al juego el
hombre de la jerarquía eclesiástica que había estado
esperando para verlo.

Había mil millones de católicos que también esperaban, pero respuestas. Y otros cuatro mil quinientos
millones de diferentes religiones que estaban ansiosos
por lo mismo.

Todos habitantes de este pequeño planeta a veces

confundido, medio tonto, un poquito soberbio, no del todo justo. Pero también asombroso y lleno de ternura, después de todo.

# Indice

Esta edición
se terminó de imprimir en
Cosmos Offset S.R.L.
Coronel García 444, Avellaneda,
en el mes de mayo de 1994.